Rosemarie Griesbach • Deutsche Märchen und Sagen

Christa H. Löffler

Rosemarie Griesbach

Deutsche Märchen und Sagen

Für Ausländer bearbeitet

mit Zeichnungen von Paul Ernst Rattelmüller

Max Hueber Verlag

8. Auflage 6 5 4
© 1977 Max Hueber Verlag München
Umschlaggestaltung: Alois Sigl
Zeichnungen: P. E. Rattelmüller, Iffeldorf/Obb.
Gesamtherstellung: Friedrich Pustet, Regensburg
Printed in Germany

ISBN 3-19-001022-6

Inhaltsverzeichnis

Vorwort

In diesem Leseheft wird dem Deutsch lernenden Ausländer ein Überblick über die wichtigsten deutschen Märchen und Sagen gegeben, die jedem Deutschen bekannt sind und die er nicht selten in der Umgangssprache zitiert. So spricht man, um nur wenige Beispiele zu nennen, von Heinzelmännchen, Rattenfängern, von Schildbürgerstreichen oder von einem Dornröschenschlaf. Auf die Wiedergabe der Texte in der Originalfassung wurde dort verzichtet, wo sie auf Grund ihrer altertümlichen Sprache und ihrer vielen idiomatischen Wendungen dem Schüler zu viele Schwierigkeiten bieten. Die Texte wurden daher so vereinfacht, daß sie auch ein Anfänger ohne Mühe lesen kann. Sachliches und Sprachliches wurde ausführlich im Anhang erklärt.

Möge dieses kleine Heft dem Ausländer eine Anregung sein, sich bei fortgeschrittenen Kenntnissen in der deutschen Sprache mit den Originalfassungen dieser Märchen und Sagen zu beschäftigen, um einen Eindruck von der schlichten Schönheit der Volkssprache zu gewinnen.

Rosemarie Griesbach

Hänsel und Gretel

Am Rande eines großen Waldes wohnte ein armer Holzhacker mit seiner Frau und seinen zwei Kindern, Hänsel und Gretel. Sie waren so arm, daß sie oft nichts zu essen hatten. Als nun eine Teuerung kam, mußten sie jeden Abend hungrig zu Bett gehen. In ihrer Not beschlossen die Eltern, die Kinder am nächsten Morgen in den Wald zu führen und sie dort zurückzulassen. Gott sollte ihnen weiter helfen. Aber Hänsel schlief nicht und hörte alles. Am nächsten Tag, als sie in den Wald gingen, streute er kleine Steinchen auf den Weg. Die Kinder blieben im Wald zurück, aber sie konnten durch die Steinchen den Rückweg ins Elternhaus finden. Ein anderes Mal, als die Not wieder groß war, wollten die Eltern ihre Kinder wieder in den Wald führen. Hänsel hörte wieder alles und wollte nachts heimlich Steinchen sammeln, um sie auf den Weg zu streuen. Aber die Haustür war verschlossen. Am nächsten Tag nahm er sein letztes Stück Brot und streute kleine Bröckchen davon auf den Weg. So hoffte er, den Rückweg aus dem Wald zu finden. Die Kinder blieben allein im Wald zurück. Sie suchten nach den Brot-

9

bröckchen; aber die Vögel hatten alle aufgepickt. So fanden Hänsel und Gretel ihren Weg nach Haus nicht mehr und verirrten sich immer mehr im Wald. Sie schliefen unter einem Baum, und am nächsten Morgen standen sie hungrig auf, um weiter nach dem Weg zu suchen. Plötzlich sahen sie ein seltsames kleines Häuschen. Es war aus Brot gebaut, das Dach war mit süßen Kuchen gedeckt und die Fenster waren aus hellem Zucker. Voll Freude brachen sich die hungrigen Kinder Stücke von dem Dach ab und bissen hinein. Da hörten sie eine feine Stimme aus dem Häuschen:

>>Knusper, knusper, Knäuschen,
  wer knuspert an meinem Häuschen?<<

Die Kinder antworteten:

>>Der Wind, der Wind,
  das himmlische Kind<<,

und ließen sich beim Essen nicht stören.

Da öffnete sich plötzlich die Tür, und eine häßliche, steinalte Frau mit einem Stock kam heraus. Die Kinder erschraken furchtbar, aber die Alte wackelte mit dem Kopf und sagte ganz freundlich: >>Ei, ihr lieben Kinder, kommt nur in mein Häuschen und bleibt bei mir. Ich tue euch nichts<<. Da vergaßen die Kinder ihre Angst und gingen mit der Alten ins Haus, wo sie gutes Essen und weiche Betten zum Schlafen fanden.

Die Alte war aber eine böse Hexe, obwohl sie zu den Kindern so freundlich gesprochen hatte. Sie wartete nur darauf, daß kleine Kinder zu ihrem Kuchenhäuschen kamen. Diese Kinder fing sie dann, um sie zu braten und zu fressen. – Am nächsten Morgen sperrte die Hexe den armen Hänsel in einen kleinen Stall. Gretel mußte im Haus helfen und Hänsel Essen bringen, damit er fett wurde; denn die Hexe wollte ihn erst auffressen, wenn er fett genug war. Jeden Morgen mußte Hänsel seinen Finger durch das Gitter stecken und die Hexe fühlte, ob er fett geworden war. Hänsel aber war nicht dumm und steckte einen Knochen oder ein Holzstückchen heraus. Die Alte merkte es nicht, weil sie so schlecht sah, und wunderte sich nur darüber, daß der Junge so mager blieb.

Eines Tages aber wurde sie ungeduldig und heizte den Backofen, um Hänsel zu braten. Gretel weinte, während sie Wasser holte. Jetzt sagte die Alte zu Gretel: »Nun sieh nach, ob das Feuer im Ofen richtig brennt!« Sie wollte aber das Mädchen in den Ofen stoßen und auch braten. Gretel merkte das und sagte: »Ich weiß nicht, wie ich das machen soll!« »Dumme Gans!« rief die Hexe, »du mußt nur so hineinkriechen«, und sie steckte selbst ihren Kopf in den Ofen. Da stieß Gretel mit aller Kraft die Hexe in den Ofen hinein und schlug die Tür hinter ihr zu. Die böse Alte schrie und heulte entsetzlich, aber es half ihr nichts, sie mußte in ihrem eigenen Backofen verbrennen.

Nun befreite Gretel schnell ihren Bruder aus dem Stall. Sie sangen und tanzten vor Freude, weil die böse Hexe tot war. Im Häuschen fanden sie Gold und Edelsteine und füllten sich alle Taschen. Nun machten sie sich auf und fanden auch bald den Weg nach Haus. Die Eltern der beiden saßen traurig zu Haus, denn es hatte ihnen schon lange leid getan, daß sie ihre Kinder in den Wald geschickt hatten. Wie froh waren sie jetzt, als die Kinder ins Haus traten! Alle Not hatte nun ein Ende, denn die Kinder hatten ja so viele Reichtümer mitgebracht, und sie lebten glücklich zusammen.

Schneewittchen

Eine Königin hatte ein Töchterchen; das war so weiß wie Schnee, so rot wie Blut, mit Haaren so schwarz wie Ebenholz, und wurde Schneewittchen genannt. Aber bald starb die Mutter, und nach einem Jahr heiratete der König eine andere Frau. Sie war schön, aber stolz und sehr eitel. Jeden Tag sah sie in ihren Spiegel und fragte:

>>Spieglein, Spieglein an der Wand,
Wer ist die Schönste im ganzen Land?<<

Und der wunderbare Spiegel antwortete:
>>Frau Königin, Ihr seid die Schönste im Land.<<

Schneewittchen wurde größer und immer schöner, und als es sieben Jahre alt war, war es schöner als die Königin. Der Spiegel sagte:

>>Frau Königin, Ihr seid die Schönste hier,
aber Schneewittchen ist tausendmal schöner als Ihr.<<

Da wurde sie zornig. Sie befahl ihrem Jäger, Schneewittchen in den Wald zu führen und es zu töten. Doch der Jäger hatte Mitleid mit dem schönen Kind und ließ es laufen. Immer tiefer lief Schneewittchen in den Wald hinein, den ganzen Tag. Die wilden Tiere taten ihm nichts. Als der Abend kam, sah es ein kleines Häuschen und trat ein. Alles in dem Häuschen war klein, aber hübsch und sauber. An der Wand standen sieben Bettchen, der Tisch war gedeckt mit sieben Tellerchen und sieben kleinen Bechern. Schneewittchen aß von jedem Teller etwas und trank aus jedem Becherlein, dann wollte es sich in ein Bettchen legen, weil es so müde war. Aber ein Bett war zu lang, das andere zu kurz. Das siebente war endlich richtig, und Schneewittchen schlief ein.

Als es dunkel war, kamen die Besitzer des Häuschens, sieben Zwerge, die in den Bergen nach Gold und Edelsteinen gruben. Sie merkten, daß jemand in ihrem Häuschen gewesen war. Der erste sagte: >>Wer hat auf meinem Stühlchen gesessen?<< Der zweite: >>Wer hat von meinem Tellerchen gegessen?<< Der dritte: >>Wer hat von meinem Brötchen genommen?<< Der vierte: >>Wer hat mit meinem Gäbelchen gestochen?<< Der fünfte: >>Wer hat mit meinem

Messerchen geschnitten?« Der sechste: »Wer hat aus meinem Be-
cherchen getrunken?« Und der siebente: »Und wer liegt in meinem
Bettchen?« Da sahen sie Schneewittchen im Bett liegen und wunderten sich über die Schönheit des Mädchens.

Am nächsten Morgen begrüßten die Zwerge Schneewittchen
freundlich. Das Mädchen blieb bei ihnen, hielt das Haus in Ordnung und kochte das Essen für sie.

Die böse Königin aber fragte wieder einmal ihren Zauberspiegel.
Da antwortete dieser:

> »Frau Königin, Ihr seid die Schönste hier,
> aber Schneewittchen über den Bergen
> bei den sieben Zwergen
> ist noch tausendmal schöner als Ihr.«

Da wurde die Königin blaß vor Zorn. Sie verkleidete sich als Krämerin und wanderte über die sieben Berge zu den sieben Zwergen,
klopfte an die Tür und rief: »Schöne Ware, bunte Gürtel zu ver-
kaufen!« Schneewittchen öffnete und kaufte einen hübschen bunten
Gürtel. Die böse Königin legte ihr den Gürtel um, aber sie zog ihn
so fest zu, daß Schneewittchen wie tot hinfiel. »Nun bist du die
Schönste gewesen!«, rief sie.

Bald danach kamen die Zwerge nach Haus und fanden Schneewittchen. Sie schnitten den Gürtel auf, da öffnete Schneewittchen
wieder die Augen. Als sie hörten, was geschehen war, verboten sie
Schneewittchen, die Tür zu öffnen.

Inzwischen hörte die Königin durch ihren Spiegel, daß Schneewittchen noch lebte. Da machte sie einen giftigen Kamm und brachte ihn Schneewittchen. Aber glücklicherweise kamen die guten
Zwerge wieder rechtzeitig und zogen den giftigen Kamm aus
Schneewittchens Haar.

Da machte die böse Stiefmutter einen giftigen Apfel und wanderte als alte Bäuerin zum Zwergenhaus. Schneewittchen wollte nichts
kaufen, weil die Zwerge es verboten hatten. Da schenkte ihr die

Bäuerin den Apfel und aß selbst die eine Hälfte davon, denn der Apfel war nur halb vergiftet. Nun biß Schneewittchen ohne Sorge in den Apfel – und fiel sogleich tot zu Boden. Diesmal konnten die Zwerge das Mädchen nicht wieder erwecken. Es war tot und blieb tot. Sie weinten sehr und legten es in einen gläsernen Sarg, weil sie es nicht in die dunkle Erde versenken wollten. Und alle Tiere des Waldes kamen und weinten um Schneewittchen. So lag Schneewittchen lange im Sarg und sah aus, als ob es nur schliefe.

Eines Tages kam ein Königssohn auf der Jagd in den Wald und sah den Sarg mit Schneewittchen. Es gefiel ihm so gut, daß er es auf sein Schloß mitnehmen wollte. Nach langem Bitten schenkten ihm die guten Zwerglein den Sarg. Die Diener des Prinzen hoben ihn auf, um ihn wegzutragen. Da stolperte einer von ihnen, und dabei fiel das giftige Apfelstück Schneewittchen aus dem Mund. Nach kurzer Zeit öffnete es die Augen und fragte erstaunt: »Wo bin ich?« Da war der Königssohn voll Freude. Er nahm Schneewittchen mit auf das Schloß seines Vaters und dort feierten sie Hochzeit, und auch die Zwerge waren als Gäste dabei.

Aschenputtel

Einem reichen Mann war die Frau gestorben und hatte ihn mit seiner Tochter allein zurückgelassen. Im nächsten Jahr heiratete der Mann eine andere Frau, die zwei Töchter mit in die Ehe brachte. Die beiden waren schön, aber sie waren böse zu ihrer Stiefschwester. Sie nahmen ihr die schönen Kleider weg und schickten sie in die Küche. Dort mußte sie den ganzen Tag von früh bis spät schwer arbeiten und abends neben dem Herd schlafen. Von den bösen Schwestern wurde sie noch verspottet und »Aschenputtel« genannt. Jeden Tag ging die Arme zum Grab ihrer Mutter und weinte dort. Sie hatte ein Bäumchen auf das Grab gepflanzt, darauf setzte sich immer ein weißes Vögelchen und tröstete sie.

Einmal wollte der König des Landes ein großes Fest geben, das drei Tage dauern sollte. Sein Sohn sollte sich nämlich eine Braut suchen. Darum wurden alle hübschen Mädchen im Land eingeladen, auch die beiden Stiefschwestern. Sie ließen sich von Aschenputtel die Schuhe putzen und die Haare kämmen. Aschenputtel weinte, denn sie wollte auch gern mit zum Tanz gehen, und bat die Stiefmutter um Erlaubnis. Sie antwortete: »Du bist ja voll Staub und Schmutz, du hast keine Kleider und Schuhe und willst tanzen?« Und sie nahm eine Schüssel Linsen und schüttete sie in die Herd-

asche. »Wenn du die Linsen in zwei Stunden ausgelesen hast, darfst du mitgehen!« Da ging Aschenputtel in den Garten und rief die Tauben, und alle Tauben und die anderen Vögel kamen und halfen ihr die Körner aus der Asche picken.
Das Mädchen befahl:

»Die guten ins Töpfchen,
die schlechten ins Kröpfchen.«

In einer Stunde waren sie fertig und Aschenputtel glaubte, sie könne jetzt zum Fest gehen. Aber die Stiefmutter gab ihr eine neue Aufgabe: sie sollte in einer Stunde zwei Schüsseln voll Linsen aus der Asche lesen. Wieder halfen ihr die Vögel, so daß sie in einer halben Stunde fertig war. Aber die Stiefmutter nahm sie trotzdem nicht mit zum Fest.

Da ging Aschenputtel zum Grab der Mutter und sagte zu dem Bäumchen: »Bäumchen, rüttel dich und schüttel dich, wirf Gold und Silber über mich!« Und der Vogel warf ihr ein goldenes Kleid und silberne Schuhe herunter. So ging sie zum Fest, und niemand erkannte sie. Der Königssohn tanzte immer mit ihr, bis spät am Abend das Mädchen plötzlich verschwand. Aschenputtel lief schnell nach Haus, legte die schönen Kleider wieder auf das Grab und setzte sich im grauen Kittel an den Herd.

Auch am zweiten und dritten Tag besuchte Aschenputtel in immer schöneren Kleidern heimlich das Fest und verschwand immer abends so schnell, daß der Prinz nicht folgen konnte. Am dritten Abend aber verlor sie ihren kleinen goldenen Schuh. Der Prinz hob ihn auf und sagte: „Ich werde das Mädchen heiraten, dem dieser Schuh gehört, und keine andere.« Und er suchte nun die Besitzerin des Schuhes. Auch Aschenputtels Stiefschwestern probierten den Schuh an. Die ältere kam mit dem Fuß nicht hinein, da schnitt sie ihre große Zehe ab. Nun paßte der Schuh, und der Prinz hob sie als Braut auf sein Pferd. Als sie am Grab von Aschenputtels Mutter vorbeikamen, saßen dort zwei Täubchen und riefen:

»Rucke di gu, rucke di gu,
Blut ist im Schuh,
Der Schuh ist zu klein,
Die rechte Braut sitzt noch daheim.«

Da sah der Prinz das Blut im Schuh und kehrte um. Die zweite Schwester mußte den Schuh anziehen, aber auch ihr war der Schuh zu klein. Darum schnitt sie ein Stück von der Ferse ab. Der Königssohn merkte zuerst nichts, aber wieder sagten die Täubchen ihren Spruch, wieder kehrte der Prinz um. »Habt ihr keine andere Tochter?« fragte er. »Nur das kleine, schmutzige Aschenputtel«, sagte der Vater, »das kann nicht die richtige Braut sein!« Trotzdem mußte Aschenputtel kommen und den Schuh probieren – und wirklich: er paßte wie angegossen! Da erkannte der Prinz seine schöne Tänzerin und rief: »Das ist die rechte Braut!« Er hob sie auf sein Pferd und ritt mit ihr zum Schloß. So wurde Aschenputtel Königin.

Dornröschen

Ein König und eine Königin hatten endlich nach langen Jahren ein Töchterchen bekommen. Zur Taufe luden sie auch die Feen ein, die im Land wohnten. Es waren dreizehn; weil es aber am Königshof nur zwölf goldene Teller gab, mußte eine von ihnen zu Haus bleiben. Die guten Feen wünschten dem Kind alles Gute: die eine schenkte ihm Schönheit, die andere Klugheit, die dritte Reichtum. Als elf ihre Wünsche ausgesprochen hatten, trat die dreizehnte Fee herein. Sie wollte sich rächen, weil sie nicht eingeladen worden war, und schrie: »Die Königstochter soll sich mit fünfzehn Jahren an einer Spindel stechen und sterben!« Alle waren erschrocken; aber die zwölfte Fee hatte noch keinen Wunsch gesprochen. Sie sagte nun: »Ich kann den bösen Spruch nicht ganz aufheben; aber die

Königstochter soll nicht sterben, sondern nur hundert Jahre fest schlafen!«

Der König, der sein Kind vor Unglück bewahren wollte, ließ alle Spindeln im ganzen Land verbrennen. Das Mädchen wurde groß und schön, und alle guten Wünsche gingen in Erfüllung. An ihrem fünfzehnten Geburtstag ging die Königstochter durchs Schloß und fand in einem alten Turm eine kleine Tür, die sie noch nie gesehen hatte. Sie trat in ein kleines Stübchen und sah eine alte Frau, die Flachs spann. Die Spindel tanzte lustig auf dem Boden; als nun die Königstochter danach griff, stach sie sich in den Finger. Da ging der böse Spruch in Erfüllung: in tiefem Schlaf fiel sie auf ein Bett nieder, das in dem Kämmerchen stand.

Und das ganze Schloß fiel in Schlaf: der König und die Königin, die Diener, der Koch in der Küche, die Pferde im Stall und die Fliegen an den Wänden. Sogar das Feuer auf dem Herd hörte auf zu flackern.

Um das Schloß aber wuchs eine Dornenhecke, so hoch, daß man von dem Gebäude nichts mehr sah. Viele Königssöhne versuchten, durch die Hecke in das Schloß zu dringen, aber es gelang ihnen nicht.

So vergingen hundert Jahre. Wieder versuchte ein junger Königssohn, zu dem schönen schlafenden Dornröschen vorzudringen. Da öffnete sich die Dornenhecke vor ihm und war mit großen, schönen Blumen bedeckt. Der Prinz ging durch das schlafende Schloß, bis er Dornröschen in der Turmkammer fand. Es war so schön, daß er es immerzu ansehen mußte, und er küßte es. Da erwachte Dornröschen und öffnete die Augen. Und mit der Königstochter wachte das ganze Schloß auf, die Menschen und die Tiere, und das Feuer auf dem Herd. Nun wurde die Hochzeit Dornröschens mit dem Königssohn mit aller Pracht gefeiert, und sie lebten fröhlich und glücklich.

Rotkäppchen

Es war einmal ein kleines Mädchen, das immer ein rotes Käppchen trug. Darum hieß es bei allen Leuten nur »Rotkäppchen«. Eines Tages sagte die Mutter zu dem Kind: »Hier ist Kuchen und eine Flasche Wein, bringe sie der kranken Großmutter! Aber geh nicht vom Weg ab!« Die Großmutter wohnte in einem Häuschen im Wald. Rotkäppchen ging fort, und als es durch den Wald ging, begegnete es dem Wolf. Rotkäppchen wußte nicht, daß der Wolf böse war, und erzählte ihm von der kranken Großmutter. Der Wolf dachte: »Die kranke alte Frau kann ich leicht fressen, und als Nachtisch werde ich mir noch das kleine Rotkäppchen holen.« Zu Rotkäppchen sagte er: »Hier sind so schöne Blumen, bring doch deiner Großmutter einen bunten Strauß mit, dann freut sie sich bestimmt.« Während nun das Kind Blumen pflückte, lief der Wolf gerade ins Haus der Großmutter und verschlang sie. Dann zog er ihre Kleider an und legte sich ins Bett. Nach einer Weile kam Rotkäppchen und war sehr erstaunt, weil die Haustür offen stand und die Großmutter nicht »Guten Tag« sagte. Es zog die Bettvorhänge zurück und erschrak, denn die Großmutter sah heute ganz fremd aus. »Großmutter, was hast du für große Ohren?« fragte Rotkäppchen. »Damit ich dich besser hören kann«, antwortete der Wolf. »Großmutter, was hast du für große Augen?« »Damit ich dich besser sehen kann!« war die Antwort. »Großmutter, was hast du für große Hände!« »Damit ich dich besser packen kann!« »Und was hast du für ein entsetzlich großes Maul!« »Damit ich dich besser fressen kann!« Und damit sprang der Wolf aus dem Bett und verschlang das arme Rotkäppchen. Dann legte er sich wieder ins Bett, schlief ein und schnarchte laut. Der Jäger, der am Haus vorbeiging, dachte: »Warum wohl die alte Frau so schnarcht? Ich muß doch hineingehen und sehen, ob ihr etwas fehlt.« Da sah er, daß

der Wolf im Bett lag. Mit einer großen Schere begann er, dem Wolf
den Bauch aufzuschneiden. Da sah er schon das rote Käppchen und
bald sprang Rotkäppchen heraus und rief:»Gott sei Dank! Da drin
war's so dunkel!« Und die alte Großmutter kam auch lebend heraus. Nun füllten sie den Bauch des Wolfes mit Steinen und nähten
ihn wieder zu. Als der Wolf aufwachte, wollte er aus dem Bett
springen, aber die Steine waren so schwer, daß er fiel und tot war.

Da dankten Rotkäppchen und die Großmutter dem Jäger und
alle drei waren froh und tranken den Wein und aßen den Kuchen.

Rumpelstilzchen

Ein armer Müller hatte eine schöne Tochter. Als einmal der
König an seiner Mühle vorbeikam, erzählte ihm der Müller:»Meine Tochter kann Stroh zu Gold spinnen.« Das war aber nicht wahr,
der Vater wollte nur prahlen. Der König ließ die Müllerstochter in
sein Schloß kommen, führte sie in eine Kammer voll Stroh und gab
ihr ein Spinnrad.»Wenn bis morgen früh dieses Stroh nicht zu
Gold geworden ist, mußt du sterben.« Damit verschloß er die Tür.
Das arme Mädchen weinte vor Angst. Plötzlich öffnete sich die Tür
und ein kleines Männchen kam herein. Es versprach, der Müllerstochter zu helfen, und sie schenkte ihm dafür ihre Halskette. In
kurzer Zeit war alles Stroh zu Gold gesponnen. Der König staunte
am Morgen sehr, aber nun wollte er noch mehr Gold haben. In der
nächsten Nacht sollte das Mädchen wieder Gold spinnen. Wieder
half ihr das Männchen, und sie schenkte ihm ihren Ring vom Finger. Aber noch einmal sollte sie eine große Kammer voll Stroh in
Gold verwandeln. Diesmal hatte sie nichts mehr, was sie dem
Männchen geben konnte.»Du mußt mir, wenn du verheiratet bist,
dein erstes Kind schenken«, verlangte das Männchen, und in ihrer

Not versprach sie es. Als der König am nächsten Morgen das viele Gold sah, nahm er die Müllerstochter zur Frau.

Nach einem Jahr bekam sie ein schönes Kind. Sie dachte nicht mehr an das Männchen, aber plötzlich stand es an der Tür, um das Kind zu holen. Alles Bitten und Weinen half ihr nichts, das Männchen wollte das Kind haben. Aber es wollte ihr noch drei Tage Zeit lassen. »Wenn du bis dahin meinen Namen weißt, sollst du dein Kind behalten.«

Nun schickte die Königin ihren Diener aus, der sollte ihr alle Namen sagen, die er hörte. Am ersten und zweiten Tag konnte sie den Namen des Männleins nicht erraten. Am Abend des dritten Tages kam der Diener zurück und erzählte: »Tief im Wald, wo Fuchs und Hase sich gute Nacht sagen, sah ich ein kleines Haus und davor ein Feuer; um das Feuer tanzte ein kleines Männchen und sang:

»Heute back ich, morgen brau ich,
übermorgen hol' ich der Königin ihr Kind;
ach, wie gut, daß niemand weiß,
daß ich Rumpelstilzchen heiß!«

Da war die Königin froh. Als das Männchen zum drittenmal kam, fragte sie: »Heißt du Hinz?« »Nein.« »Heißt du Kunz?« »Nein.« »Heißt du vielleicht Rumpelstilzchen?«

Da schrie das Männlein vor Zorn und stieß den rechten Fuß tief in die Erde, dann packte es in seiner Wut den linken Fuß und riß sich selbst mitten entzwei.

Der Froschkönig

Vor langer, langer Zeit lebte ein König, dessen jüngste Tochter wunderschön war. Beim Schlosse des Königs lag ein dunkler Wald, und in dem Wald unter einer alten Linde war ein Brunnen. Dort spielte die jüngste Königstochter oft mit einer goldenen Kugel.

Eines Tages fiel die Kugel der Königstochter in den Brunnen hinein, der so tief war, daß man keinen Grund sah. Als die Königstochter weinte und klagte, hörte sie plötzlich eine Stimme: »Weine nicht, ich will dir helfen!« Sie sah aber keinen Menschen, sondern nur einen dicken, häßlichen Frosch. Der wollte ihre Kugel wieder aus dem Brunnen holen, aber das Mädchen mußte ihm versprechen, ihn als ihren Freund und Spielkameraden zu betrachten. Er wollte mit ihr am Tisch sitzen, von ihrem Teller essen, und in ihrem Bett schlafen. Sie versprach alles, um ihre goldene Kugel wieder zu bekommen; aber als sie ihr Spielzeug wieder hatte, lief sie fort und dachte nicht mehr an ihr Versprechen.

Am andern Tag, als der König mit seiner Familie beim Essen saß, kam der Frosch, plitsch, platsch, die Treppe herauf, klopfte an die Tür und rief: »Königstochter, jüngste, mach mir auf!« Das Mädchen wollte nicht öffnen. Als sie aber ihrem Vater erzählte, was sie dem Frosch versprochen hatte, sagte der König: »Dein Versprechen mußt du halten, geh nur und mach ihm auf!« Sie öffnete, und der Frosch hüpfte herein und aß zusammen mit der Königstochter von ihrem goldenen Teller. Dann war er müde und bat sie: »Nun bringe mich in dein weiches Bettchen, damit ich dort schlafen kann.« Sie weinte und fürchtete sich vor dem kalten Frosch, aber ihr Vater wurde zornig und sagte: »Der Frosch hat dir in der Not geholfen, darum darfst du ihn jetzt nicht verachten.« Sie faßte ihn mit zwei Fingern und setzte ihn im Schlafzimmer in eine Ecke. Aber er war nicht zufrieden, sondern wollte im Bett liegen. Da packte sie ihn voll Zorn und warf ihn an die Wand. Aber plötzlich war da kein Frosch mehr, sondern ein Königssohn mit schönen, freundlichen Augen. Er erzählte ihr, daß eine böse Hexe ihn in einen Frosch verzaubert hatte. Jetzt aber war er von der Königstochter erlöst worden, und er führte sie als Königin in sein Land.

Brüderchen und Schwesterchen

Brüderchen und Schwesterchen gingen von daheim fort, weil ihre Mutter tot war und die Stiefmutter sie schlecht behandelte. Sie schliefen im Wald in einem hohlen Baum. Am nächsten Morgen, als sie aufwachten, schien die Sonne heiß und die Kinder waren durstig. Sie suchten eine Quelle, aus der sie trinken konnten. Aber die böse Stiefmutter konnte zaubern und hatte alle Quellen im Wald verzaubert. So hörte Schwesterchen im Rauschen der ersten Quelle: »Wer hier trinkt, wird ein Tiger!« Sie tranken nicht, trotz ihres großen Durstes, und suchten eine andere Quelle. Aber das Wasser murmelte: »Wer trinkt, wird ein Wolf.« Wieder tranken sie nicht. Sie kamen zur dritten Quelle. Hier rauschte das Wasser: »Wer trinkt, wird ein Reh.« Schwesterchen bat, aber Brüderchen war zu durstig, trank und wurde ein junges Reh.

Da weinte Schwesterchen sehr. Sie gingen tiefer in den Wald hinein und fanden ein kleines, verlassenes Haus. Hier blieben und wohnten sie nun. Das Mädchen suchte Wurzeln, Beeren und Nüsse zum Essen, das Rehlein fraß das grüne Gras und abends legte

Schwesterchen den Kopf auf den Rücken des Rehleins und schlief so ein.

Nachdem sie lange allein gelebt hatten, kam eines Tages der König zur Jagd in den Wald. Er jagte dem Reh nach und fand das Häuschen. Als er eintrat, war er sehr erstaunt, denn Schwesterchen war inzwischen ein schönes junges Mädchen geworden. Er nahm sie als seine Frau auf sein Schloß mit, und das Reh, von dem sie sich nicht trennen wollte, kam auch mit.

So lebten sie alle glücklich und zufrieden. Aber die böse Stiefmutter hatte eine häßliche, einäugige Tochter, die auch gern Königin gewesen wäre.

Als Schwesterchen, die junge Königin, einen kleinen Sohn bekommen hatte, kam die alte Hexe in der Gestalt der Dienerin. Sie richtete ein Bad für die Königin und machte ein so großes Feuer, daß die Königin bald erstickte.

Nun legte die böse Frau ihre eigene häßliche Tochter in das Bett der Königin und zog die Vorhänge zu. Es gelang ihr, den König einige Tage lang zu täuschen. Aber immer um Mitternacht sah die Kinderfrau, wie die Tür sich leise öffnete, wie die richtige Königin zum Bett ihre Kindes trat, es auf den Arm nahm und ihm zu trinken gab. Dann verschwand sie wieder, nachdem sie noch das Reh gestreichelt hatte.

Endlich beschloß die Kinderfrau, dem König davon zu erzählen. Der König wachte nun nachts und sah die Erscheinung. Beim erstenmal hatte er nicht den Mut, zu ihr zu sprechen. Beim zweitenmal aber sprang er zu ihr und sagte: »Du kannst keine andere sein als meine liebe Frau« und faßte sie bei der Hand. In diesem Augenblick gab Gott ihr das Leben wieder, und sie war frisch und gesund wie vorher. Die böse Hexe aber wurde zum Tod verurteilt. Als sie starb, bekam auch das Reh seine menschliche Gestalt wieder. Der Bruder lebte nun glücklich zusammen mit seiner Schwester und ihrer Familie.

Die Sterntaler

Es war einmal ein kleines Mädchen, dem waren Vater und Mutter gestorben, und es war so arm, daß es kein Kämmerchen mehr hatte und kein Bett, und endlich gar nichts mehr als die Kleider auf dem Leib und ein Stückchen Brot. Es war aber gut und fromm. Und weil es so von aller Welt verlassen war, ging es im Vertrauen auf den lieben Gott hinaus ins Feld. Da begegnete ihm ein armer Mann, der sprach: »Ach, gib mir etwas zu essen, ich bin so hungrig«. Das Kind reichte ihm das ganze Brot und ging weiter. Da kam ein Kind, das jammerte und sagte: »Es friert mich so an meinen Kopf.« Da nahm das Mädchen seine Mütze ab und gab sie ihm. Und als es noch eine Weile gegangen war, kam wieder ein Kind und hatte kein Jäckchen an und fror; da gab es ihm seines. Und noch weiter, da bat eines um ein Röckchen; das gab es auch hin. Endlich kam das Mädchen in einen Wald, und es war schon dunkel geworden, da kam noch ein Kind und bat um ein Hemdchen. Das fromme Mädchen dachte: »Es ist dunkle Nacht, da sieht dich niemand, du kannst wohl dein Hemd weggeben«, und zog das Hemd aus und gab es auch noch hin. Und wie es so stand und gar nichts mehr hatte, fielen auf ein-

mal die Sterne vom Himmel und waren lauter harte, blanke Taler.
Und obwohl es sein Hemd weggeben hatte, so hatte es jetzt ein
neues an, das von allerfeinstem Leinen war. Da sammelte es die
Taler hinein und war reich sein Leben lang.

Das tapfere Schneiderlein

An einem schönen Sommermorgen
saß ein Schneiderlein und nähte. Neben
ihm lag sein Frühstücksbrot mit süßem
Mus. Da kamen viele Fliegen von der
Decke und setzten sich auf das Brot.
Darüber ärgerte sich der Schneider, nahm
einen Tuchlappen und schlug zu. Sieben
Fliegen lagen tot und streckten die Beine.
Da bewunderte das Schneiderlein seine eigene Tapferkeit, nähte sich
einen Gürtel und stickte mit großen Buchstaben darauf »Sieben
auf einen Streich«. Der Schneider wollte auch nicht mehr daheim
bleiben, sondern in die Welt hinauswandern, weil er ein so großer
Held war.

Nach vielen Abenteuern kam das Schneiderlein in den Hof eines
Königspalastes und legte sich zum Schlafen nieder, weil es müde
war. Neugierig kamen die Leute und lasen auf seinem Gürtel die
Worte »Sieben auf einen Streich«. Sie hielten ihn für einen großen
Kriegshelden und brachten ihn zum König. Das Schneiderlein war
auch bereit, in die Dienste des Königs zu treten. Der König sprach:
»In meinem Land wohnen in einem großen Wald zwei Riesen, die
rauben und morden. Wenn du sie besiegst, sollst du meine Tochter
zur Frau haben und mein halbes Königreich dazu.«

Heimlich aber hofften der König und seine Freunde, daß der

Schneider nicht wiederkäme, denn sie hatten alle Angst vor ihm. Das Schneiderlein aber hatte keine Angst. Ganz allein machte es sich auf den Weg zu den Riesen. Sie lagen unter einem Baum und schliefen. Das Schneiderlein sammelte Steine in seine Taschen und kletterte auf den Baum. Nun ließ es die Steine nacheinander auf einen Riesen hinunterfallen. Der fragte ärgerlich seinen Freund: »Warum schlägst du mich?« Dann warf der Schneider Steine auf den zweiten Riesen. Nun schrie dieser: »Jetzt schlägst du mich!« »Nein«, brüllte der erste. So stritten die Riesen, rissen Bäume aus und schlugen sich am Ende gegenseitig tot. Stolz ging das Schneiderlein zum König und meldete: »Ich habe den beiden den Garaus gemacht.« Der König wollte dem Schneiderlein den versprochenen Lohn aber noch nicht geben. Zuerst sollte es noch ein wildes Einhorn fangen. Mit einer Axt und einem Strick ging es in den Wald. Bald kam das Einhorn und wollte den Schneider aufspießen. Doch er sprang schnell hinter einen Baum. Das Einhorn spießte sein Horn so fest in den Baumstamm, daß es gefangen war und der Schneider es leicht binden und zum König führen konnte.

Aber der König hatte noch eine dritte Aufgabe für das Schneiderlein: es sollte ein Wildschwein fangen, das im Wald großen Schaden tat. Das Schneiderlein versprach es und ging zum Wald. Dort lief das Wildschwein zornig auf ihn zu. Der Schneider sprang in eine kleine Kapelle und auf der anderen Seite mit einem großen Satz wieder zum Fenster hinaus. Das Schwein folgte ihm in die Kapelle, da schlug das Schneiderlein die Tür hinter ihm zu, und das Tier war gefangen, denn es konnte nicht zum Fenster hinausspringen.

Das Schneiderlein aber ging zum König, der nun endlich, ob er wollte oder nicht, sein Versprechen halten mußte, und dem Schneiderlein sein halbes Reich und seine Tochter zur Frau gab.

Tischlein deck dich!
Esel streck dich!
Knüppel aus dem Sack!

Ein Schneider hatte drei Söhne und eine Ziege, die ihnen allen Milch gab. Jeden Tag mußte einer von den Söhnen die Ziege auf die Weide bringen. Abends fragte dann der Schneider die Ziege: »Bist du satt?« Einmal aber war die Ziege böse. Obwohl sie satt war, sagte sie nein. Darum jagte der zornige Schneider seinen ältesten Sohn, der an diesem Tag für die Ziege gesorgt hatte, zum Haus hinaus. Dem zweiten und dritten Sohn ging es später nicht besser. Sie mußten das Haus verlassen, weil die boshafte Ziege sagte, sie sei nicht satt. Als der Schneider allein mit der Ziege war, führte er selbst sie auf die Weide und ließ sie den ganzen Tag Gras und Blätter fressen. Aber wieder schrie die Ziege am Abend, daß sie nicht satt sei.

Nun sah der Schneider, daß er im Unrecht gewesen war, als er seine Söhne aus dem Haus gejagt hatte, und er war sehr traurig. Er wurde auch nicht fröhlicher, nachdem er das böse Tier fortgejagt hatte.

Der älteste Sohn war zu einem Schreiner in die Lehre gegangen. Als seine Zeit um war, schenkte ihm der Meister ein wunderbares Tischchen. Wenn man zu ihm sagte: »Tischlein deck dich«!, standen sofort auf dem Tischchen die besten Speisen und der schönste Wein. Fröhlich wanderte der junge Mann mit seinem Tischchen fort und wollte zu seinem Vater zurückkehren. In einem Gasthaus, wo er abends einkehrte, sah der Wirt das Wundertischlein und war sofort neidisch. Nachts nahm er es heimlich und vertauschte es mit einem ganz gleichen, gewöhnlichen Tischchen. Als der junge Schreiner zu seinem Vater heimkam, wollte er ihm gleich sein Tischlein-deck-dich vorführen, aber vergebens. Auf dem falschen Tischlein erschienen keine Speisen. Jetzt merkte der Arme, daß er betrogen worden war.

Inzwischen hatte der zweite Sohn bei einem Müller gelernt und bekam von ihm zum Abschied einen Esel. Wenn man zu dem Tier sagte: »Esel streck dich«!, so ließ es vorn und hinten Goldstücke fallen. So hatte der Geselle immer genug Geld. Aber unglücklicherweise übernachtete er in dem gleichen Gasthaus wie sein Bruder. Der Wirt beobachtete ihn, wie er sich von seinem Esel Goldstücke holte und dachte: »So einen Esel muß ich auch haben.« Nachts holte er den Goldesel und stellte einen anderen, ganz gewöhnlichen Esel in den Stall. So war auch der zweite Bruder betrogen worden.

Der jüngste Sohn des Schneiders hatte das Drechslerhandwerk gelernt. Als er Abschied nahm, gab ihm sein Meister einen Sack mit einem Holzknüppel darin. Wenn er rief: »Knüppel aus dem Sack«!, so sprang der Knüppel heraus und schlug jeden, der dem jungen Mann etwas Böses getan hatte, so lange, bis sein Herr rief: »Knüppel in den Sack!« Von seinen Brüdern hatte der junge Geselle gehört, daß der böse Wirt sie betrogen hatte. Darum übernachtete er auch im gleichen Gasthaus. Er legte seinen Sack neben sich, sagte aber dem Wirt nicht, was er darin hatte. Der habgierige Wirt dachte nun, das müsse etwas sehr Wertvolles sein, und kam deshalb in der Nacht, um den Sack zu stehlen. Doch da rief der Bursche »Knüppel aus dem Sack!« Der Knüppel fuhr heraus und schlug den Wirt, bis er braun und blau war und endlich das Tischlein-deck-dich und den Goldesel zurückgab. Jetzt erst sagte der junge Mann: »Knüppel in den Sack!« Vergnügt wanderte er mit den drei Dingen nach Haus. Sein Vater und seine Brüder begrüßten ihn freudig. Sie luden alle Verwandten zu einem Fest, und alle aßen sich satt an den Speisen, die das Tischlein-deck-dich herbei-zauberte, alle füllten ihre Taschen mit dem Gold, das der Esel fallen ließ. Nun brauchte der alte Schneider nicht mehr so viel zu arbeiten und lebte mit seinen drei Söhnen in Freude und Herrlich-keit.

Der Wolf und die sieben jungen Geißlein

Es war einmal eine alte Geiß, die hatte sieben junge Geißlein und hatte sie lieb, wie jede Mutter ihre Kinder lieb hat. Eines Tages wollte sie im Wald Futter holen, da rief sie ihre Kinder und sagte: »Ich muß jetzt fortgehen. Nehmt euch in acht vor dem bösen Wolf! Wenn er hereinkommt, frißt er euch alle mit Haut und Haar! Der Bösewicht verstellt sich oft, aber ihr werdet ihn an seiner rauhen Stimme und an seinen schwarzen Füßen erkennen.« Die Geißlein versprachen, vorsichtig zu sein, und die Alte machte sich auf den Weg.

Nach kurzer Zeit klopfte jemand an die Haustür und rief: »Macht auf, ihr lieben Kinder, eure Mutter ist wieder da und hat euch etwas mitgebracht.« Aber die Geißlein antworteten: »Du bist nicht unsere Mutter, die hat eine feine Stimme. Aber deine Stimme ist rauh, du bist der Wolf!« Da kaufte sich der Wolf beim Kaufmann ein großes Stück Kreide. Die aß er und machte damit seine Stimme fein. Dann kam er zurück und klopfte wieder an die Tür. Aber die Geißlein sahen seine schwarze Pfote am Fenster und riefen: »Wir machen nicht auf, unsere Mutter hat keinen schwarzen Fuß wie du: du bist der Wolf.« Da machte der Wolf mit Mehl seine Pfote weiß und klopfte zum drittenmal bei den Geißlein an. Als er ihnen seine weiße Pfote zeigte, öffneten sie die Tür. Der Wolf sprang herein. Da erschraken die Geißlein und versteckten sich; sie sprangen unter den Tisch, ins Bett, in den Ofen, in den Schrank, unter die Waschschüssel, in die Küche. Aber der Wolf fand sie alle und verschlang sie. Nur das jüngste Geißlein, das sich in dem Kasten der Wanduhr versteckt hatte, fand er nicht. Nun legte sich der Wolf satt unter einen Baum zum Schlafen.

Als die alte Geiß nach Haus kam, sah sie gleich die offene Haustür, Tische und Stühle lagen am Boden. Sie suchte ihre Kinder, aber sie fand nur das jüngste Geißlein im Uhrkasten. Es erzählte seiner Mutter alles, und sie weinte bitterlich. Endlich gingen sie hinaus

und fanden den Wolf unter dem Baum. Er schlief und schnarchte
schrecklich. Die Geiß sah, daß in seinem vollen Bauch sich etwas
bewegte. Sie hoffte nun, daß ihre Kinder vielleicht noch lebten.
Als sie nun dem Wolf mit einer großen Schere den Bauch aufschnitt,
sprangen die sechs Geißlein heraus und lebten alle noch. Das war eine
Freude! Dann sammelten die Geißlein große, schwere Steine und

füllten damit den Bauch des Wolfes; die Mutter nähte ihn mit Nadel und Faden wieder zu. Der Wolf schlief so fest, daß er gar nichts merkte.

Als der Wolf endlich aufwachte, hatte er großen Durst und ging zum Brunnen, um zu trinken. Aber die schweren Steine zogen ihn ins Wasser hinein. So mußte der böse Wolf jämmerlich ertrinken. Als die Geißlein das sahen, tanzten sie vor Freude mit ihrer Mutter um den Brunnen herum und sangen: »Der Wolf ist tot, der Wolf ist tot!«

Hans im Glück

Hans hatte seinem Herrn sieben Jahre treu gedient und erhielt als Lohn einen Klumpen Gold, der so groß war wie sein Kopf. Als er nun mit dem schweren Goldklumpen auf der staubigen Straße heimwärts wanderte, sah er einen Reiter und seufzte: »Ach, das Reiten ist doch etwas Schönes!« Das hörte der Reiter und sagte: »Wollen wir nicht tauschen? Du gibst mir das Gold und nimmst mein Pferd dafür.« Hans war damit zufrieden und setzte sich fröhlich auf das Pferd. Als aber das Pferd zu galoppieren begann, lag Hans bald im Straßengraben. Ein Bauer, der mit einer Kuh daherkam, hielt das Pferd an. Hans war ärgerlich und meinte: »So eine Kuh ist doch besser, die geht langsam und gibt auch noch Milch!« Der Bauer bot ihm einen Tausch an; Hans bekam die Kuh, und der

Bauer ritt auf dem Pferd eilig davon. Sehr zufrieden wanderte Hans mit seiner Kuh weiter. Mittags bekam er Durst und wollte sie melken, aber sie gab ihm keinen Tropfen Milch, sondern nur einen Schlag mit dem Hinterfuß. Das sah ein Metzger, der ein Schwein auf seinem Wagen hatte und sagte: »Die Kuh ist zu alt, die kann man höchstens noch schlachten!« Weil Hans aber lieber Schweinefleisch als Rindfleisch aß, so tauschte er seine Kuh gegen das Schwein und führte es neben sich.

Dann traf er einen Bauernburschen mit einer Gans und erzählte diesem, wie gut er heute getauscht habe. Der Bursche sagte: »Ich glaube, dein Schwein ist im Nachbardorf gestohlen worden, die Polizei sucht den Dieb. Nimm lieber meine Gans und gib mir das Schwein!« Und Hans, der Angst bekommen hatte, war einverstanden.

Als er mit seiner Gans ins nächste Dorf kam, traf er einen Scherenschleifer. Der hörte von den vorteilhaften Tauschgeschäften, die Hans gemacht hatte, und gab Hans einen alten Wetzstein für die Gans. »Wenn du ein Scherenschleifer bist wie ich, hast du immer Geld in der Tasche«, sagte er zu Hans. Glücklich wanderte Hans weiter.

Aber der Stein war schwer und drückte ihn. An einem Brunnen wollte er trinken und legte den Wetzstein auf den Brunnenrand. Aber als er sich bückte, stieß er aus Versehen den Stein in den Brunnen. Da dankte er Gott, daß er ihn von dem schweren Stein befreit hatte. »Ich bin der glücklichste Mensch auf der Welt«, rief er und wanderte mit leichtem Herzen und frei von aller Last nach Haus zu seiner Mutter.

Frau Holle

Eine Witwe hatte zwei Töchter, eine eigene und eine Stieftochter. Beide hießen Marie. Die Stieftochter war schön und fleißig, aber die Mutter liebte ihre eigene Tochter viel mehr, obwohl sie häßlich und faul war. Die Stieftochter mußte alle schwere Arbeit im Haus tun. Eines Tages, als sie am Brunnen saß und spann, fiel ihr die Spule mit dem Garn in den Brunnen. Und aus Angst vor dem Zorn der Stiefmutter sprang das arme Mädchen in den Brunnen hinein, um die Spule zu holen. Plötzlich fand sie sich auf einer schönen Wiese, wo die Sonne schien und viele Blumen standen. Sie kam zu einem Backofen mit Brot, und das Brot rief: »Zieh mich 'raus, sonst verbrenne ich, ich bin schon fertig!« Sie holte das Brot aus dem Ofen und ging weiter. Da kam sie zu einem Apfelbaum, der rief: »Schüttle mich, meine Äpfel sind alle reif!« Sie schüttelte den Baum und ging weiter. Endlich kam sie zu einem kleinen Haus, aus dem eine alte Frau herausschaute. Diese sagte: »Ich bin Frau Holle. Du kannst bei mir bleiben. Wenn du alle Hausarbeiten ordentlich tun willst, wird es dir gut gehen. Vor allem mußt du mein Bett machen und gut schütteln; denn dann schneit es in der Welt.«

Die fleißige Marie blieb bei Frau Holle, arbeitete tüchtig und schüttelte das Bett kräftig, und es ging ihr gut. Nach einiger Zeit aber bekam sie Heimweh. Frau Holle führte sie zu einem Tor, durch das Marie wieder in ihre Heimat kommen sollte. Als sie gerade unter dem Tor stand, fiel ein goldener Regen auf sie, und das Gold blieb an ihr hängen. So kam sie nach Haus. Auf dem Hof rief der Hahn: »Kikeriki, unsere goldene Jungfrau ist wieder hie!«

Mutter und Schwester waren erstaunt und erfreut über das Gold. Weil nun aber die faule Schwester auch gerne so viel Gold haben wollte, warf sie ihre Spule in den Brunnen und sprang ebenfalls hinein. Sie kam auf dieselbe Wiese wie ihre Schwester. Aber sie war zu faul, das Brot aus dem Backofen zu ziehen und den Apfelbaum zu schütteln. Bei Frau Holle nahm sie Arbeit an. Am ersten Tag gab sie sich noch Mühe, aber schon am zweiten Tag begann sie zu faulenzen. Sie schüttelte die Betten nicht richtig, so daß es auf der Erde nicht schneite. Darum kündigte Frau Holle ihr bald den Dienst. Die Faule freute sich schon auf den Goldregen. Als sie aber unter dem Tor stand, wurde Pech ausgeleert, so daß sie ganz schwarz nach Haus kam als Strafe für ihre Faulheit. Der Hahn auf dem Hof krähte: »Kikeriki, unsere schmutzige Jungfrau ist wieder hie!« Das Pech blieb genau so fest an ihr hängen wie das Gold an ihrer Schwester. Die beiden blieben ihr Leben lang Goldmarie und Pechmarie.

Der Mann im Mond

Vor langer, langer Zeit ging einmal ein Mann am Sonntagmorgen in den Wald, um Holz zu hauen. Als er ein großes Bündel Holz hatte, nahm er es auf den Rücken und trug es nach Haus. Da begegnete ihm ein Mann in Sonntagskleidern, der gerade in die Kirche gehen wollte. Dieser Mann sprach zu dem Holzsammler: »Weißt du nicht, daß heute Sonntag ist? Am Sonntag sollst du nicht arbeiten, sondern in die Kirche gehen. Denn am Sonntag ruhte Gott, nachdem er die Welt geschaffen hatte.« »Was geht mich das an?« fragte der Holzhauer. Der Fremde aber war der liebe Gott selbst. Er sagte: »Weil dir der Sonntag so gleichgültig ist, so sollst du nun für alle Zeiten dein Holzbündel tragen und damit im Mond stehen.« Und seit dieser Zeit kann man im Vollmond den Mann mit seinem Holzbündel sehen.

Das Schlaraffenland

Es gibt ein fernes merkwürdiges Land, in das viele Leute gern auswandern wollten, wenn sie den Weg dahin wüßten. Wer das Land betreten will, muß sich erst durch einen großen Berg von Reisbrei durchessen. Danach sieht er wunderbare Dinge: Die Häuser sind aus Braten gebaut und die Dächer mit Pfannkuchen gedeckt. Die Gartenzäune bestehen aus warmen Würstchen. In den Bächen fließt Milch und am Rand der Bäche stehen Büsche, auf denen frische Brötchen wachsen. Aus den Brunnen fließt guter Wein, und die Steine auf dem Weg sind Käse. Tauben, Hühner und Gänse fliegen gebraten in der Luft herum und den Hungrigen gerade in den Mund hinein. Auch Schweinchen laufen herum, fertig gebraten zum Essen. Die Fische in den Seen sind schon gekocht oder gebraten und kommen ans Ufer, damit man sie leicht fangen kann. Es regnet nicht Wasser, sondern Honig, und es schneit Zucker. Die schönsten Kleider und Schuhe wachsen im Wald auf den Bäumen, man braucht sie nur herunterzuschütteln.

Was machen die Menschen im Schlaraffenland? Vor allem dürfen sie nicht arbeiten. Wenn jemand zu fleißig ist, muß er das Land wieder verlassen. Der Faulste wird König. Wer besonders lange schläft, wird dafür belohnt, und wer eine Lüge sagt, bekommt Geld dafür. Das Beste im Land aber ist ein Jungbrunnen, in dem alle alten Leute baden, um wieder jung zu werden.

Wie schade, daß kein Mensch den Weg ins Schlaraffenland kennt!

Der gestiefelte Kater

Ein Müller hatte drei Söhne, einen Esel und einen Kater. Als der Müller starb, bekam der älteste Sohn die Mühle, der zweite den Esel und für den jüngsten blieb nur der Kater. Als er aber darüber traurig war, daß er so wenig geerbt hatte, begann der Kater zu sprechen. »Hör zu, ich bin kein gewöhnlicher Kater. Wenn du mir ein Paar schöne Stiefel machen läßt, will ich dir helfen.« Der Müllerssohn war sehr erstaunt, aber er ließ dem Kater ein Paar hohe Stiefel machen. Der Kater zog sie an und ging auf zwei Beinen wie ein Mensch zur Tür hinaus. Er ging hinaus in den Wald und fing Rebhühner in einem Sack. Dann brachte er sie zum König, denn er wußte, daß der König für sein Leben gern gebratene Rebhühner aß. Der König war über den Kater nicht wenig verwundert, besonders, als das Tier eine Verbeugung machte und sagte: »Diese Rebhühner schickt mein Herr, ein vornehmer und reicher Graf!« Der Kater bekam reichlichen Lohn; er trug das Gold zu dem armen Müllerssohn und erzählte ihm alles. »Ich habe dem König auch gesagt, daß du ein Graf wärest«, schloß er.

Nun fing der Kater jeden Tag Rebhühner und bekam vom König

jedesmal viel Geld dafür. Eines Tages hörte er, daß die Königstochter nachmittags am See spazieren fahren wollte. Schnell lief er heim und sagte seinem Herrn: »Geh schnell zum See und bade dort!« Der junge Müller tat es, und der Kater versteckte schnell seine Kleider. Kaum war er damit fertig, da kam der Wagen mit dem König und der Prinzessin. Gleich schrie der Kater: »Gnädigster König! Mein Herr, der Graf, badet im See. Nun haben Räuber seine Kleider gestohlen, und er kann nicht mehr heraus!« Da schickte der König einen Diener heim und ließ schöne Kleider bringen, die der junge Müller anziehen mußte. Er durfte auch neben der Prinzessin in der Kutsche Platz nehmen, denn der König hielt ihn ja für den Grafen, der ihm immer die Rebhühner geschickt hatte.

Der Kater aber ging zu Fuß vor der Kutsche her. Da sah er viele Leute, die auf den Wiesen und Feldern und im Wald arbeiteten, und fragte sie, wem das Land gehörte. Es gehörte alles einem mächtigen Zauberer. Der Kater sagte aber den Leuten: »Wenn der König euch fragt, wem das Land gehört, so müßt ihr sagen: dem Grafen. Wenn ihr das nicht tut, wird es euch schlecht gehen.« Die Leute staunten über den gestiefelten Kater und fürchteten sich vor ihm.

Der Kater ging direkt in das Schloß des Zauberers und fragte ihn: »Ist es wahr, daß du dich in jedes Tier verwandeln kannst? Kannst du ein Löwe werden?« »Das ist für mich eine Kleinigkeit«, antwortete der Zauberer und stand schon als Löwe vor dem Kater. Dieser sagte: »Ich sehe, daß du wirklich ein großer Zauberer bist. Aber kannst du dich auch in ein ganz kleines Tier verwandeln, zum Beispiel in eine Maus? Das ist doch sicher viel schwerer.«

Kaum hatte der Zauberer die Gestalt einer Maus angenommen, da machte der Kater einen Sprung, fing die Maus und fraß sie auf. Nun war der Zauberer tot.

Inzwischen fuhr der König mit seiner Tochter und dem Müllerssohn durch das Land und sah die Leute auf den Wiesen, auf dem Feld und im Wald arbeiten. Und immer, wenn er fragte: »Wem gehört dieses Land?«, antworteten die Leute: »Dem Herrn Grafen.« Der König wunderte sich immer mehr. Endlich kamen sie zum Schloß. Der Kater stand am Eingang und sagte: »Herzlich willkommen im Schloß meines Herrn, des Grafen!« Das Schloß war fast größer und schöner als das Königsschloß. Da beschloß der König, dem Grafen seine Tochter zur Frau zu geben, weil er doch keinen reicheren Schwiegersohn finden konnte. Als der König starb, wurde der Müllerssohn König, der gestiefelte Kater aber wurde Minister.

Der Hase und der Igel

An einem Sonntagmorgen im Herbst, als der Igel übers Feld ging, traf er den Hasen. Der Igel grüßte freundlich, aber der Hase, der ein vornehmer und hochnäsiger Herr war, erwiderte den Gruß nicht, sondern sagte nur spöttisch: »Du könntest deine Beine auch zu etwas Besserem gebrauchen, als hier am Sonntagmorgen auf dem Feld herumzulaufen.« Das ärgerte den Igel sehr; seine Beine

waren nämlich von Natur aus krumm, und er mochte es nicht, wenn man darüber spottete. Darum sagte er zum Hasen: »Glaubst du, daß deine Beine besser sind? Ich wette mit dir, daß ich dich im Lauf besiege.« »Das ist ja zum Lachen, du mit deinen schiefen Beinen!« antwortete der Hase. So wetteten sie um ein Goldstück und eine Flasche Branntwein. Der Igel ging nur noch schnell nach Haus, um vor dem Wettlauf zu frühstücken. Er dachte bei sich: »Der Hase hat zwar lange Beine, aber er ist ein dummer Kerl. Er muß am Ende doch bezahlen.«

Der Wettlauf sollte auf dem langen Acker sein, der Hase sollte in einer Furche laufen und der Igel in einer anderen. Der Igel befahl nun seiner Frau, sich am Ende der Furche hinzusetzen; er selbst ging zum anderen Ende des Feldes, wo der Hase schon wartete. Jeder stellte sich in seine Furche; der Hase zählte bis drei und lief dann los wie der Wind. Der Igel aber machte nur ein paar Schritte, dann blieb er in der Furche sitzen. Als der Hase nun am anderen Ende des Feldes ankam, saß da die Frau des Igels und rief: »Ich bin schon da!« Der Hase meinte, es wäre der Igel, und sagte: »Wir wollen noch einmal laufen«, und raste zurück. Aber da saß der Igel und schrie: »Bin schon da!« Der Hase war außer sich vor Ärger, und lief noch einmal zum Ende des Feldes, und wieder zurück, aber immer riefen der Igel oder seine Frau: »Bin schon da!« Dreiundsiebzigmal lief der Hase. Beim vierundsiebzigstenmal aber konnte er nicht mehr, fiel um und war tot.

Der Igel nahm das gewonnene Geldstück und die Flasche Schnaps und ging vergnügt mit seiner Frau nach Haus; und wenn sie nicht gestorben sind, leben sie heute noch.

Die Bremer Stadtmusikanten

Ein Mann hatte einen Esel, der lange Jahre die Mehlsäcke zur Mühle getragen hatte und nun alt und müde war. Sein Herr wollte ihn nicht länger füttern, da lief ihm das Tier davon. In Bremen wollte er Stadtmusikant werden. Unterwegs traf der Esel einen alten Jagdhund, den sein Herr hatte totschlagen wollen und der darum fortgelaufen war. Zusammen wanderten sie weiter. Bald trafen sie eine alte Katze, die sich ihnen anschloß. Die drei kamen nun an einem Bauernhof vorbei, wo der Hahn laut krähte. Er erzählte ihnen, daß die Bäuerin ihn als Sonntagsbraten schlachten wolle. Sie forderten ihn auf, mitzukommen, und zu viert machten sie sich auf den Weg nach Bremen. Abends legten sie sich unter einen großen Baum, nur der Hahn flog hinauf bis in die Spitze. Von dort sah er ein Licht, und sie meinten, es müßte ein Gasthaus sein, wo sie übernachten könnten. Bald erreichten sie das Haus. Der Esel schaute durchs Fenster und sah einen gedeckten Tisch. Daran saßen Räuber und ließen sich's gut schmecken. Die Tiere hielten Rat, wie sie die Räuber verjagen könnten.

Der Esel stellte sich mit den Vorderfüßen aufs Fensterbrett, der Hund sprang auf seinen Rücken, die Katze auf den Rücken des Hundes, und der Hahn flog der Katze auf den Kopf. Nun begannen sie aus Leibeskräften zu lärmen. Der Esel schrie, der Hund bellte, die Katze miaute, der Hahn krähte. Die Räuber fuhren erschrocken in die Höhe und flohen entsetzt aus dem Haus. Die vier Tiere aber setzten sich an den gedeckten Tisch und aßen, dann löschten sie das Licht und gingen schlafen.

Als die Räuber kein Licht mehr sahen, kehrten sie zum Haus zurück. Einer wollte Licht machen und hielt die glühenden Augen der Katze für glühende Kohlen, an denen er das Licht anzünden könnte. Da sprang ihm die Katze ins Gesicht und kratzte wild. Der Räuber wollte zur Hintertür hinaus, aber der Hund biß ihn ins Bein, der

Esel gab ihm einen Schlag mit dem Hinterfuß und der Hahn schrie dazu «Kikeriki!«

Da lief der Räuber zu seinem Hauptmann zurück und erzählte: »Im Haus ist eine Hexe, die hat mir das Gesicht zerkratzt, ein Mann hat mich mit einem Messer ins Bein gestochen, ein anderer hat mich geschlagen, und auf dem Dach sitzt der Richter, der rief: »Bringt mir den Dieb!«

Da hatten die Räuber nicht mehr den Mut, wieder ins Haus zurückzukommen. Den vier Bremer Stadtmusikanten aber gefiel es dort so gut, daß sie in dem Haus blieben und nicht mehr weiterwanderten.

* * *

Die Siegfriedsage

Diese Sage ist sehr alt, sie reicht mindestens bis in die Völkerwanderungszeit zurück. Sie wurde oft erzählt und aufgeschrieben, immer mit kleineren oder größeren Veränderungen. Am berühmtesten ist das »Nibelungenlied« in mittelhochdeutscher Sprache. Einige Jahrhunderte später wurde die Sage vom »hürnen Siegfried« zusammen mit anderen Sagen in den »Deutschen Volksbüchern« erzählt. In neuerer Zeit benützte der Komponist Richard Wagner den ersten Teil der Sage in seinem Musikdrama »Der Ring des Nibelungen«.

Die Sage von Siegfried und Kriemhild
(nach dem mittelalterlichen Nibelungenlied)

Der junge, tapfere Siegfried traf im Wald einen furchtbaren Drachen und tötete ihn nach hartem Kampf. So gewann er den Nibelungenhort, den der Drache bewacht hatte. Das war ein wertvoller Schatz von Gold und Edelsteinen, zu dem auch die Tarnkappe gehörte, ein Mantel, der seinen Träger unsichtbar machte. Seinen Namen hatte der Schatz von den Nibelungen, den Zwergen, die das Gold geschmiedet und die wunderbare Tarnkappe angefertigt hatten. Siegfried badete sich im Blut des erschlagenen Drachens. Dadurch wurde seine Haut hart wie Horn, so daß kein Speer und kein Schwert ihn verletzen konnten. Nur auf dem Rükken zwischen den Schulterblättern blieb eine Stelle frei vom Drachenblut und verwundbar, weil ein Lindenblatt dorthin gefallen war.

Dann kam Siegfried zu König Gunther von Burgund, der in Worms am Rhein herrschte. Dort ergriff ihn eine tiefe Liebe zu der schönen Kriemhild, König Gunthers Schwester. Doch bevor sie seine Frau wurde, mußte Siegfried dem König noch bei einem Abenteuer helfen. Denn auch König Gunther wollte sich vermählen und fuhr zur Insel Island, wo die stolze Königin Brünhild herrschte. Brünhild wollte nur einen Mann heiraten, der stärker war als sie und sie im Wettkampf besiegen konnte. Nur Siegfried war dazu stark genug. Er gewann mit Hilfe seiner Tarnkappe Brünhild für Gunther. Brünhild folgte Gunther nach Worms, weil sie glaubte, daß er sie besiegt habe. Die Hochzeit von Gunther und Brünhild, Siegfried und Kriemhild wurde mit aller Pracht gefeiert. Kein Mensch außer Gunther und Siegfried wußte, wer Brünhild in Wahrheit besiegt hatte. Aber Siegfried verriet seiner jungen Frau das Geheimnis. Das wurde sein Verderben.

Als die beiden Königinnen einmal in Streit gerieten, verriet Kriemhild vor allen Leuten das Geheimnis von Siegfrieds Sieg über Brünhild. Brünhild war tödlich beleidigt und plante Siegfrieds Tod. König Gunthers Freund und Gefolgsmann Hagen versprach, Siegfried zu töten. Hagen war ein finsterer Mann, der jedoch seinem König und der Königin treu diente. Gunther und seine Brüder wagten nicht zu widersprechen. Durch eine List erfuhr Hagen Siegfrieds verwundbare Stelle, und auf einer Jagd stieß er von hinten Siegfried den Speer in den Rücken, als der Held aus einer Quelle trank.

Kriemhild trauerte und klagte über den Tod des geliebten Mannes. Aber sie war auch entschlossen, seine Mörder zu strafen. Hagen nahm ihr deshalb den Nibelungenhort weg und warf das Gold in den Rhein, damit sie es nicht zur Rache verwenden konnte. Nach einigen Jahren zog Kriemhild nach Osten in das Land der Hunnen, um König Etzels Frau zu werden. Aber sie liebte ihren neuen Gatten nicht und dachte nur daran, Siegfrieds Tod zu rächen. Nach langer Zeit lud sie ihre Brüder ein, sie im Hunnenland zu besuchen. Gunther glaubte, daß Kriemhild nun endlich Siegfried vergessen habe. Trotz Hagens Warnungen zog Gunther mit seinen Brüdern und seinen Freunden nach Osten, die Donau entlang, und kam endlich ins Hunnenland. Kriemhild begrüßte sie als Gäste, aber nachts, als alle schliefen, schickte sie Krieger, um die Burgunder zu überfallen. In hartem Kampf fiel einer nach dem anderen von den Burgunderhelden. Am tapfersten kämpften Gunther und Hagen, der treu neben seinem Herrn blieb. Am Ende wurden sie gefangen. Gunther mußte sterben, und Kriemhild selbst tötete mit Siegfrieds Schwert ihren Todfeind Hagen. Das sah ein alter Freund König Etzels, und entsetzt über diese rachgierige Frau, die ihre eigenen Brüder so unmenschlich getötet hatte, erschlug er endlich auch Kriemhild. So waren nur Tod, Leid und Tränen das Ende der großen Liebe zwischen Siegfried und Kriemhild.

Der Binger Mäuseturm

Bei Bingen steht mitten im Rhein ein Turm, von dem die folgende Sage erzählt wird:

Vor fast tausend Jahren war in Deutschland eine große Teuerung. Die Leute hatten nicht genug Geld, um Brot zu kaufen, und viele starben vor Hunger. Da war in Mainz ein Bischof Hatto, der ein geiziger und böser Mensch war. Er sah, wie die Armen um Brot bettelten, aber er half ihnen nicht.

Endlich versuchten sie auch mit Gewalt, sich Brot zu verschaffen und fielen über die Bäckerläden her. Da sagte der Bischof: »Alle Armen und Hungrigen sollen vor die Stadt kommen, dort in der alten Scheune will ich sie speisen.« Als viele Leute in der Scheune waren, verschloß er die Tür und ließ die Scheune anzünden. Die armen Menschen, die alle verbrennen mußten, stöhnten und jammerten, aber der grausame Mann sagte nur: »Hört, wie die Mäuse pfeifen!«

Doch Gott strafte ihn. Plötzlich kamen nämlich Tausende von Mäusen und fielen über ihn her. Hatto konnte sich nicht vor ihnen retten; darum ließ er einen Turm mitten in den Rhein bauen. Dort hoffte er sicher zu sein. Aber die Mäuse schwammen durch den Strom, drangen in den Turm ein und fraßen den Bischof bei lebendigem Leib auf.

Die Weiber von Weinsberg

König Konrad belagerte im Jahr 1140 die kleine Stadt Weinsberg in Schwaben. Die Weinsberger hatten gegen den König gekämpft und hatten eine strenge Strafe zu erwarten. Endlich mußte sich die Stadt ergeben. Nur die Frauen durften aus der belagerten Stadt frei herausgehen. Der König erfüllte ihnen sogar noch eine Bitte: Jede Frau durfte so viel von ihrem Besitz aus der Stadt herausbringen, wie sie auf dem Rücken tragen konnte. Da kam ein merkwürdiger Zug aus der Stadt: jede Frau trug ihren Mann auf dem Rücken heraus. Allen anderen Besitz hatten sie zurückgelassen. Die Leute des Königs sahen, daß die Frauen sie überlistet hatten und wollten es nicht erlauben, aber der König sagte: »Ich habe den Frauen erlaubt, ihren wertvollsten Besitz herauszutragen, und das Wort des Königs soll gelten.« Seit dieser Zeit heißt die Burg über dem Städtchen Weinsberg »Burg Weibertreu«.

Barbarossa im Kyffhäuser

Kaiser Friedrich Barbarossa (Deutscher Kaiser von 1152–1190) starb fern von der Heimat auf einem Kreuzzug. Er ertrank, als er durch einen Fluß in Kleinasien ritt. Die Leute daheim in Deutschland konnten aber nicht glauben, daß ihr Kaiser tot sein sollte. Nach ihrer Meinung hält er sich nur im Berg Kyffhäuser in Thüringen verborgen. Sie rechneten bestimmt damit, daß er einmal wiederkommen würde. Das bekannte Gedicht von Friedrich Rückert erzählt davon:

Der alte Barbarossa,
der Kaiser Friederich,
im unterird'schen Schlosse
hält er verzaubert sich.

Er ist niemals gestorben,
er lebt darin noch jetzt,
er hat im Schloß verborgen
zum Schlaf sich hingesetzt.

Er hat hinabgenommen
des Reiches Herrlichkeit
und wird einst wiederkommen
mit ihr zu seiner Zeit.

Der Stuhl ist elfenbeinern,
darauf der Kaiser sitzt;
der Tisch ist marmelsteinern,
worauf sein Haupt er stützt.

Sein Bart ist nicht von Flachse,
er ist von Feuersglut,
ist durch den Tisch gewachsen,
worauf sein Kinn ausruht.

Er nickt als wie im Traume,
sein Aug', halb offen, zwinkt,
und je nach langem Raume
er einem Knaben winkt.

Er spricht im Schlaf zum Knaben:
»Geh hin vors Schloß, o Zwerg,
und sieh, ob noch die Raben
herfliegen um den Berg.

Und wenn die alten Raben
noch fliegen immerdar,
so muß ich auch noch schlafen
verzaubert hundert Jahr!«

Der Rattenfänger von Hameln

In der Stadt Hameln war im Jahr 1284 eine große Plage. Ratten und Mäuse in riesigen Mengen kamen in die Häuser und fraßen alle Lebensmittel auf. Da kam eines Tages ein merkwürdiger Mann in bunter Kleidung und versprach, die Stadt von Ratten und Mäusen zu befreien. Die Bürger freuten sich und versprachen ihm reichen Lohn. Nun zog der Mann eine Pfeife aus seinem Mantel und als er darauf blies, kamen alle Ratten und Mäuse aus den Häusern und folgten ihm in einem langen Zug. Er führte sie alle zur Weser, stieg selbst in den Fluß, und die Ratten und Mäuse folgten ihm ins Wasser und ertranken alle.

Aber als der Rattenfänger seinen Lohn haben wollte, wollten ihm die Bürger nicht so viel bezahlen, wie sie versprochen hatten. Zornig verließ der Mann die Stadt.

Am nächsten Sonntag kam er zurück nach Hameln. Alle Leute waren gerade in der Kirche, nur die Kinder waren zu Hause. Als der Fremde nun wieder auf seiner Pfeife spielte, kamen alle Kinder aus den Häusern, sangen, tanzten und folgten ihm. Darunter war auch die schon erwachsene Tochter des Bürgermeisters. Er ging mit ihnen vor die Stadt zu einem nahen Berg. Plötzlich öffnete sich der Berg vor ihnen, und sie schritten hinein, dann schloß er sich wieder. Ein Kindermädchen hatte es von weitem gesehen und brachte die Nachricht in die Stadt. Nun liefen die Eltern hinaus vor die Tore, suchten ihre Kinder, weinten und schrien. Aber niemals hat man den Rattenfänger und die Kinder wieder gesehen.

Die wilde Jagd

Es gibt unzählige Sagen über die ›wilde Jagd‹, das ›wilde Heer‹ oder das ›wütende Heer‹ in ganz Deutschland. Man versteht darunter die Geister der Toten, die mit dem Sturm durch die Luft brausen, meistens in den Winternächten, und besonders in den ›zwölf Nächten‹, den ›heiligen Nächten‹ (in anderen Gegenden den ›Zwölften‹, ›Rauhnächten‹) zwischen Weihnachten und dem Dreikönigstag am 6. Januar. Darum glaubten in manchen Gegenden Deutschlands die Leute früher, daß es Unglück bringe, wenn man in dieser Zeit Wäsche aufhänge und damit den Seelen den Weg versperre. An vielen Orten legte man ihnen in alter Zeit Opfer ins Freie. Unsere Lebkuchen, ein süßes Weihnachtsgebäck, sollen früher als Opfergaben gebraucht worden sein.

In manchen Gegenden weiß man, daß das Geisterheer auch einen Anführer hat, der ihm vorausreitet. Er heißt ›Der wilde Jäger‹ oder ›Wode‹ – vielleicht eine Erinnerung an den germanischen Sturmgott Wodan. Man glaubte auch, die Hunde des wilden Jägers bellen zu hören. In Thüringen glaubte man, daß Frau Holla die Seelen anführe. Der Mensch, der im Freien der wilden Jagd begegnet, muß schnell aus dem Weg gehen oder sich auf die Erde werfen und darf sich nicht rühren, bis alles vorbei ist. Einige Sagen erzählen von einem freundlichen Boten, der vor dem wilden Heer hergeht und alle Leute warnt. Er heißt der ›treue Eckart‹.

Über die folgende Sage aus Thüringen, die hier als Beispiel folgen soll, hat Goethe ein Gedicht geschrieben (Der getreue Eckart):

Um die Weihnachtszeit zog Frau Holla mit ihrem Gefolge durch Thüringen. Ein paar Bauernjungen hatten gerade Bier aus dem Wirtshaus geholt und waren auf dem Heimweg, als der Zug sie erreichte. Zuerst kam der treue Eckart und warnte sie. Sie sollten nur auf jeden Fall ruhig bleiben. Da brausten auch schon die Geister heran, ergriffen die Bierkrüge und tranken sie leer. Die Jungen wagten aus Angst kein Wort zu sagen, aber sie fürchteten sich doch, mit leeren Krügen nach Haus zu kommen. Als das Geisterheer vorbei war, kam der treue Eckart wieder und sagte zu den Kindern: »Es ist gut, daß Ihr ruhig wart, sonst hätten euch die Geister getötet. Nun geht heim und erzählt keinem Menschen ein Wort von dem, was ihr heute gesehen habt!«

Ängstlich zeigten die Kinder zu Haus ihre Krüge – da waren sie nicht leer, sondern mit ausgezeichnetem Bier gefüllt. Drei Tage tranken die Bauern aus den Krügen, ohne daß diese leer wurden. Länger konnten aber die Kinder den Mund nicht halten. Sie erzählten ihren Eltern von ihrem Erlebnis – und im gleichen Augenblick waren die Krüge leer und füllten sich nie wieder.

Die heilige Elisabeth auf der Wartburg

Landgraf Hermann von Thüringen suchte eine Braut für seinen jungen Sohn und sandte Boten zum König von Ungarn, die um die Hand seiner kleinen Tochter Elisabeth bitten sollten. So kam die kleine Elisabeth nach Thüringen auf die Wartburg als Braut des jungen Landgrafen. Wie es früher üblich war, wurden sie verlobt, obwohl Elisabeth erst vier Jahre alt war und ihr Verlobter elf Jahre.

Die beiden Kinder wurden zusammen erzogen, und als sie alt genug waren, heirateten sie.

Ludwig liebte seine heitere und freundliche junge Frau sehr. Besonders gut sorgte Elisabeth für die Armen und Kranken. Jeden Tag ging sie von der Burg hinunter in die Dörfer und beschenkte alle, die Not litten. Oft gab sie ihren eigenen Mantel hin, wenn die Bettler ihn brauchten. Ihr Mann, der Landgraf, hatte nichts dagegen; aber es gab genug Leute, die ihn warnten. Sie meinten, seine Frau werde noch sein ganzes Vermögen verschenken, wenn er es ihr nicht verbiete. Darum glaubte er, er müsse strenger sein und verbot ihr, noch Sachen fortzutragen.

Aber Elisabeth konnte es nicht lange aushalten. Sie wußte, daß die Armen hungerten. So packte sie eines Tages einen großen Korb mit Lebensmitteln, um ihn heimlich ins Dorf zu tragen – und

begegnete gerade dem Landgrafen. Obwohl sie schnell ihren Mantel über den Korb deckte, hatte Ludwig ihn schon gesehen. »Was trägst du da im Korb?« fragte er streng. »Rosen, lieber Mann«, sagte Elisabeth in ihrer Angst. Es war eine Notlüge, aber als sie auf Befehl des Landgrafen den Mantel zurückschlug, tat Gott ein Wunder. Der Korb war ganz gefüllt mit herrlichen, duftenden Rosen.

Ludwig erkannte, daß Gott selbst der Frau geholfen hatte, und er verbot ihr künftig nicht mehr, Gutes zu tun.

Eppelein von Gailingen

Auf der Burg in Nürnberg sieht man auf der Mauer der Bastei den Abdruck eines Pferdehufes im Stein. Die Sage erzählt dazu:

Eppelein von Gailingen war ein gefürchteter Raubritter. Wenn die reichen Nürnberger Kaufleute ihre Wagen mit Waren heranführten, überfiel Eppelein die Warenzüge, raubte die Waren und warf die Kaufleute so lange in sein finsteres Burggefängnis, bis für sie ein hohes Lösegeld bezahlt wurde. Lange versuchten die Nürnberger, den schlauen Raubritter zu fangen, aber er konnte ihnen immer wieder entwischen. Endlich, endlich fingen sie ihn. Er sollte zur Strafe für seine Raubzüge gehängt werden. Auf der Burg stand schon der Galgen bereit, und die Nürnberger fragten ihn nach seinem letzten Wunsch. »Ich möchte noch einmal auf meinem treuen Pferd sitzen!« antwortete der Ritter. Sie erfüllten ihm den Wunsch, denn seine Flucht schien unmöglich. Auf drei Seiten standen die bewaffneten Soldaten und auf der vierten Seite fiel die mächtige Mauer viele Meter tief senkrecht in den Burggraben hinab.

Als aber Eppelein auf seinem Pferd saß, gab er ihm die Sporen und setzte mit einem gewaltigen Sprung über die Burgmauer in den Wassergraben hinab. Bevor die überraschten Nürnberger wußten, wie ihnen geschah, war Eppelein längst über alle Berge. Sein mutiger Sprung brachte ihm die Freiheit.

Die Nürnberger aber wurden im ganzen Land tüchtig ausgelacht und verspottet, weil ihnen Eppelein doch wieder entwischt war.

Der Abdruck des Hufeisens auf der Burg soll von seinem Pferd stammen.

Der Brocken

Der höchste Berg im Harz, der
Brocken oder der Blocksberg, wie
ihn die Sage nennt, spielt in vielen
Sagen eine Rolle. Jedes Jahr in der
Walpurgisnacht (das ist die Nacht
vor dem 1. Mai) kommen alle Hexen zum Brocken. Sie reiten ent-
weder auf Ziegenböcken oder auf
Besenstielen durch die Luft.

Am Blocksberg gibt es einen
›Hexentanzplatz‹ oder auch ›Teu-
felstanzplatz‹. Dort feiern die Hexen die ganze Nacht wilde Feste
und tanzen mit dem Teufel bis zum Hahnenschrei.

Diese Sage wurde von Goethe in seinen ›Faust‹ übernommen.

Doktor Faust

Die Sage von Faust hat historischen Ursprung. Der historische
Dr. Faust wurde ungefähr 1480 in Württemberg geboren. Er soll
übernatürliche Kräfte besessen haben. Seine Zeitgenossen glaubten, er könne zaubern. Diese Kunst konnte er nur vom Teufel gelernt haben.

Nach seinem Tod wurde Faust bald eine Sagengestalt. Kurz vor
1600 wurde ein Volksbuch von Doktor Faust gedruckt.

Auch später hat der gelehrte Zauberer die Dichter beschäftigt.
Goethes Drama ›Faust‹ hat die alte Sage als Vorbild, doch hat
Goethe die Handlung und die Personen stark verändert und ver-
tieft.

Die Faustsage
(nach dem Volksbuch)

Der junge Faust war ein sehr begabter und fleißiger Student und wurde bald Doktor der Theologie. Daneben beschäftigte er sich aber auch mit Mathematik, Medizin, Astrologie und schwarzer Magie. Einmal rief Faust den Teufel an einem Kreuzweg herbei, und wirklich erschien der Böse in Mönchsgestalt und wurde von Faust zu einer Besprechung in seine Wohnung eingeladen. Dorthin schickte ihm der Teufel den Geist Mephistopheles, mit dem Faust einen Vertrag schloß. Dadurch wurde Mephistopheles Fausts Diener und Helfer, Faust aber mußte versprechen, nach seinem Tod dem Teufel seine Seele zu geben. Diesen Vertrag unterschrieb Faust mit seinem Blut. Von nun an versorgte ihn Mephistopheles mit den besten Speisen und Weinen, mit teuren Kleidern, die er irgendwo stahl. Außerdem mußte Mephistopheles dem Faust alle Fragen beantworten, die der Doktor stellte, und ihm Erde, Himmel und Hölle zeigen.

Mit Hilfe von Mephistopheles vollbrachte Faust wunderbare Taten. Einmal kam er in Leipzig in eine Weinstube und fragte jeden der Männer, die dort saßen, welchen Wein er wünsche. Dann bohrte er Löcher in den Tisch und befahl den Männern, ihre Gläser unterzuhalten. Aus jedem Loch floß der gewünschte Wein.

Ein anderes Mal baten drei junge Grafen, die in Wittenberg studierten, den Doktor Faust, sie nach München zur Hochzeit des bayerischen Kurfürsten zu bringen. Faust breitete seinen Mantel aus, Faust und die drei jungen Männer setzten sich darauf, und sofort flogen sie auf dem Mantel durch die Luft nach München. Dort nahmen sie den ganzen Tag an der Hochzeitsfeier teil, aber sie sprachen kein einziges Wort. Das Sprechen hatte Faust ihnen nämlich streng verboten. Aber der eine junge Herr vergaß es und bedankte sich nach dem Essen für die Bedienung. Da erschraken alle und faßten schnell Fausts Mantel. Zwei fuhren mit Faust durch die Luft, aber der eine, der gesprochen hatte, blieb zurück. Der erstaunte Bayernfürst ließ ihn als Zauberer ins Gefängnis werfen. Es wäre ihm schlimm ergangen, wenn Faust nicht noch in der Nacht gekommen wäre und ihn nach Wittenberg zurückgeholt hätte.

Viel zu schnell vergingen die Jahre, und bald lief Fausts Vertrag mit dem Teufel ab. Alle Reue kam zu spät. Zur festgesetzten Zeit erschien der Teufel um die Mitternachtsstunde, um Fausts Seele zu holen. Die Nachbarn hörten einen furchtbaren Lärm, ein Zischen und Pfeifen und dazwischen die schrecklichen Schreie des armen Faust. Am nächsten Morgen fand man den Doktor tot. Er wurde begraben, aber sein Geist mußte ruhelos umherirren und erschien nachts seinen Freunden und Nachbarn.

Der Meistertrunk von Rothenburg

Im Städtchen Rothenburg in Franken, das heute noch so aussieht wie im Mittelalter, ist folgendes geschehen:

Im Dreißigjährigen Krieg wurde die Stadt nach langem Kampf vom Feind erobert. Die Rothenburger mußten dem feindlichen

Feldherrn Wein zum Willkommenstrunk reichen. Dann sollte die Stadt vollkommen zerstört werden und alle Männer sollten sterben.

Als der feindliche Feldherr den riesengroßen Becher mit Wein in der Hand hielt, sagte er: »Wenn ein Mann aus der Stadt diesen Becher Wein auf einmal austrinken kann, will ich euch das Leben schenken und eure Stadt in Ruhe lassen.« Es schien ihm aber unmöglich, daß ein Mensch soviel trinken könne. Trotzdem trat der alte Bürgermeister von Rothenburg vor und nahm den Becher. Er trank und trank – und leerte den Becher auf einen Zug. Damit rettete er seine Stadt. In Rothenburg kann man heute noch das Gefäß sehen, das bei dem Meistertrunk benutzt wurde.

Die Heinzelmännchen von Köln

Die Heinzelmännchen sind freundliche Hausgeister, klein wie Zwerglein. Sie kommen heimlich in der Nacht, um den Menschen zu helfen. Sie verlangen keinen Lohn, nur dürfen die Menschen sie niemals sehen. In ganz Deutschland kennt man die Heinzelmännchen; das folgende Gedicht von August Kopisch erzählt von den Heinzelmännchen in Köln:

Wie war zu Köln es doch vordem
mit Heinzelmännchen so bequem!
Denn, war man faul, . . . man legte sich
hin auf die Bank und pflegte sich:
    Da kamen bei Nacht,
    ehe man's gedacht,
    die Männlein und schwärmten
und klappten und lärmten
    und rupften
    und zupften

und hüpften und trabten
und putzten und schabten,
und eh ein Faulpelz noch erwacht ...
war all sein Tagewerk ... bereits gemacht!

Nun wird in diesem Gedicht weiter erzählt, wie die guten Heinzelmännchen den verschiedenen Handwerkern helfen, dem Zimmer-
mann, dem Bäcker, Fleischer und Schneider. Alles war gut und
schön – aber:

Neugierig war des Schneiders Weib
und macht sich diesen Zeitvertreib:
Streut Erbsen hin die andre Nacht.
Die Heinzelmännchen kommen sacht;
    eins fährt nun aus,
    schlägt hin im Haus,
die gleiten von Stufen
und plumpen in Kufen,
    die fallen
    mit Schallen,
die lärmen und schreien
und vermaledeien!
Sie springt hinunter auf den Schall
mit Licht: husch husch husch husch! –
            verschwinden all!

O weh! nun sind sie alle fort,
und keines ist mehr hier am Ort!
Man kann nicht mehr wie sonsten ruhn,
man muß nun alles selber tun!
    Ein jeder muß fein
    selbst fleißig sein
und kratzen und schaben
und rennen und traben

und schniegeln
und bügeln
und klopfen und hacken
und kochen und backen.
Ach, daß es noch wie damals wär'!
Doch kommt die schöne Zeit nicht wieder her!

Heute noch sagt man, wenn man heimlich und unerwartet Hilfe bekommen hat: »Die Heinzelmännchen waren da«. Eine Mutter, die zum Einkaufen fortgegangen ist, findet bei ihrer Rückkehr die Küche von den Kindern aufgeräumt. Sie dankt ihren ›Heinzelmännchen‹.

König Watzmann

Ein Berg bei Berchtesgaden in Oberbayern heißt Watzmann. Er hat zwei große und sieben kleinere Spitzen. Von ihm erzählt die Sage:

Vor langer Zeit lebte der böse und grausame König Watzmann. Er hatte eine Frau und sieben Kinder. Alle liebten sie die Jagd über alles und ritten dabei rücksichtslos durch die Felder der Bauern und zertraten die Ernte. Eines Tages verletzte einer von den wilden Jagdhunden des Königs ein Kind, das vor einer kleinen Hütte spielte. Der Vater des Kindes, ein armer Mann, tötete darum den Hund. Da wurde König Watzmann so zornig, daß er alle Hunde losließ, die nun den Bauern zerrissen. Der Mann verfluchte sterbend den hartherzigen König. Gott hörte es und verwandelte den König mit seiner ganzen Familie in Stein.

Rübezahl im Riesengebirge

Im Riesengebirge in Schlesien hauste ein riesiger Berggeist, der gern die Menschen neckte. Er war aber auch manchmal freundlich und half den Menschen, die ohne eigene Schuld in Not geraten waren. Sehr zornig und böse wurde er nur, wenn man ihn mit dem Spottnamen ›Rübezahl‹ rief. Seinen richtigen Namen wußte niemand. Wie er zu dem Spottnamen kam, erzählt die Sage.

Rübezahl und Emma

Eines Tages beobachtete der Berggeist die schöne Königstochter Emma, die mit ihren Freundinnen im Wald spielte und in einer Quelle badete. Das Mädchen gefiel ihm so gut, daß er sie zu heiraten beschloß. Als die Mädchen nach einigen Tagen wieder in den Wald kamen, fanden sie ihren Spielplatz verändert. Überall blühten Blumen, in einer Felsengrotte standen die schönsten Früchte zur Erfrischung, und die Quelle strömte in ein Marmorbecken. Emma stieg in das Becken, um darin zu baden, – und plötzlich war sie vor den Augen ihrer Freundinnen verschwunden. Der Berggeist hatte sie entführt und brachte sie nun in sein herrliches Schloß. Er selbst erschien ihr als schöner junger Mann. So hoffte er, Emma würde nun seine Frau werden und immer bei ihm bleiben.

Nach einigen Tagen merkte er aber, daß die Königstochter traurig war. »Sie ist zu viel allein und hat Langeweile«, dachte er. Weil er ja ein mächtiger Geist war, wollte er ihr Gesellschaft herbeizaubern. Er zog ein paar Rüben aus einem Feld und brachte sie ihr. Sobald sie mit einem Zauberstab die Rüben berührte, bekamen sie die menschliche Gestalt, die Emma wünschte. Jetzt war das Mädchen froh; sie gab den Rüben die Gestalten ihrer Freundinnen und Dienerinnen. Zwei Rüben verwandelte sie in eine kleine Katze und einen Hund. Emma war eine kurze Zeit so glücklich, daß sie ganz vergaß, daß die Mädchen ja nur verwandelte Rüben waren. Aber nach einigen Wochen wurde ihr ganzer Hofstaat alt und faltig, weil die Rüben verwelkt waren. Als sie mit dem Zauberstab berührt wurden, lagen nur alte, welke Rüben da. Der Geist wollte neue Rüben holen, aber er fand keine; inzwischen war nämlich die Ernte vorbei und die Felder waren leer.

Nun säte er ein ganzes Feld voll Rüben und ließ sie besonders schnell wachsen. Trotzdem wurde Emma nicht fröhlich. Das kam nicht nur von der Langeweile, sondern auch von der Sehnsucht. Emma hatte nämlich schon einen Verlobten, als der Riese sie entführt hatte, und an ihn mußte sie nun immer denken.

Endlich wurden die Rüben reif – zu dieser Zeit hatte auch Emma einen Plan gefaßt, wie sie den Berggeist überlisten könnte. Sie verwandelte eine Rübe in einen Vogel, den sie als Boten zu ihrem Verlobten schickte. Sie bat den jungen Mann, sie in drei Tagen am Fuß des Gebirges zu erwarten.

Als der Riese sie wieder bat, seine Frau zu werden, versprach sie es ihm – unter einer Bedingung: er solle die Rüben auf dem Feld zählen, damit sie wissen könne, wieviel Hochzeitsgäste sie haben werde.

Sofort machte sich der Geist an die Arbeit und zählte. Um ganz sicher zu sein, zählte er noch einmal – und natürlich fand er eine andere Zahl und mußte zum drittenmal zählen. Immer wieder verzählte er sich und mußte von neuem beginnen.

Emma hatte nur gewartet, bis der Geist mit dem Rübenzählen beschäftigt war. Nun verwandelte sie eine schöne große Rübe in ein Pferd und ritt eilig fort, über das Gebirge bis ins Tal, wo ihr Verlobter schon auf sie wartete.

Als der Berggeist endlich mit Zählen fertig war, fand er Emma nicht mehr und bemerkte, daß sie geflohen war. Es war auch bereits zu spät, sie zurückzuholen, denn sie hatte das Gebirge und damit die Grenzen seines Reiches schon verlassen.

Während die schöne Emma im Tal Hochzeit hielt, tobte und stürmte der zornige Geist im Riesengebirge.

Seitdem hat der Berggeist den Spitznamen ›Rübenzähler‹ oder kurz ›Rübezahl‹ erhalten. Aber wehe dem Menschen, der ihn so ruft!

* * *

Till Eulenspiegel

Till Eulenspiegel war ein Spaßmacher, der sich über die Menschen lustig machte, ihnen auf scheinbar närrische Weise die Wahrheit sagte und ihnen zeigte, wie dumm sie waren.

Till soll im 14. Jahrhundert in Norddeutschland, in der Nähe von Braunschweig, gelebt haben. In Mölln in Schleswig-Holstein wird sein Grab gezeigt. Ob er wirklich gelebt hat, kann man heute nicht mehr genau sagen. Aber die Erzählungen über ihn sind unsterblich. Man spricht heute noch von ›Eulenspiegeleien‹, wenn jemand seine Mitmenschen an der Nase herumführt.

Wie Eulenspiegel auf dem Seil lief

Eulenspiegel hatte keine Lust, regelmäßig in einem Beruf zu arbeiten. Aber er lernte allerhand Künste, zum Beispiel das Seiltanzen. Diese Kunst übte er auf dem Speicher des Hauses heimlich, weil seine Mutter es ihm nicht erlaubte.

Als er gut auf dem Seil gehen konnte, zog er das Seil vom Haus seiner Mutter über den Fluß in ein Haus am anderen Ufer. Nun ging er hinüber, und viele Leute staunten über seine Geschicklichkeit. Aber seine Mutter sah ihn bei der verbotenen Kunst und schnitt das Seil durch, so daß Till mitten in den Fluß fiel und ein unfreiwilliges Bad nahm. Alle Zuschauer aber lachten ihn aus und verspotteten ihn noch lange. Dafür wollte Eulenspiegel sich rächen. An einem anderen Tag zog er ein Seil über die Straße. Den Zuschauern, die sich bald sammelten, versprach er ein lustiges Schauspiel. Er brauche dazu nur von jedem Zuschauer den linken Schuh. Bald hatte er genug Schuhe, zog sie auf eine Schnur und kletterte hinauf auf das Seil. Als nun alle gespannt zu ihm hinaufsahen, rief er: »Nun soll sich jeder seinen Schuh suchen!« und warf alle Schuhe hinunter. Sie fielen alle durcheinander, und alle sprangen herbei und versuchten, den richtigen Schuh zu erwischen. Das war aber gar nicht so leicht. Die Leute ergriffen die falschen und kamen in Streit, und am Ende gab es eine allgemeine Rauferei. Till Eulenspiegel aber saß oben auf dem Seil und lachte jetzt genau so über die Leute, wie sie vorher über ihn gelacht hatten.

Eulenspiegel als Wunderdoktor

Eulenspiegel kam einmal nach Nürnberg. Dort lagen viele Kranke im Spital. Eulenspiegel sagte zu den Ärzten: »Ich bin ein berühmter Arzt und kann eure Kranken alle gesund machen, wenn ihr mir dafür eine gute Belohnung gebt.« Die Ärzte waren hocherfreut und versprachen ihm Geld.

Da ging Eulenspiegel ins Spital und sprach mit den Kranken.

Zuletzt sagte er heimlich zu jedem: »Ich kann alle Kranken
in diesem Haus gesundmachen,
allerdings brauche ich eine besondere Medizin. Ich muß nämlich einen von euch töten, um
diese Medizin zu gewinnen.
Natürlich will ich dazu den
Kränksten und Schwächsten
nehmen, der nicht laufen kann.
Wenn ich also rufe, so steht nur schnell auf und kommt heraus,
denn den Letzten muß ich töten!«

Die Kranken merkten sich das gut. Bald trat Eulenspiegel an die
Tür des Krankensaales und rief: »Wer nicht krank ist, der soll
herauskommen!« Da standen alle auf, auch die Lahmen und
manche, die zehn Jahre lang im Bett gelegen hatten, und eilten
oder hinkten zum Ausgang, denn sie hatten gewaltige Angst. Das
Spital war bald leer, und Eulenspiegel erhielt seinen Lohn von den
Ärzten. Sobald er das Geld hatte, ritt er fort in eine andere Stadt.

Nach drei Tagen aber kamen die Kranken wieder und klagten
über ihre Krankheit. So erfuhren die Ärzte, wie Eulenspiegel die
Kranken aus den Betten geholt hatte. Aber es war zu spät, er war
längst mit dem Geld über alle Berge. Und die Ärzte hatten das
Nachsehen, denn die Kranken kamen nun alle wieder ins Spital.

Die sieben Schwaben

Es waren einmal sieben Schwaben, die wollten große Helden sein
und durch die ganze Welt wandern. Damit sie eine gute Waffe
hatten, ließen sie sich einen langen Spieß machen. Dann stellten sie

sich hintereinander in einer Reihe auf und faßten alle sieben den Spieß an. Der erste war Herr Schulz, genannt ›der Allgäuer‹, weil er aus dem Allgäu kam. Einen anderen nannten sie ›Seehas‹, weil er am Bodensee geboren war. Jeder hatte seinen Spitznamen.

An ihrem Spieß wanderten sie nun tapfer in die Welt. Nach verschiedenen Abenteuern zogen sie zum Bodensee, denn sie hatten gehört, daß dort ein ganz gefährliches Ungeheuer lebe. Das wollten sie besiegen. Sie näherten sich einem Wald, in dem das Untier hausen sollte. Am Waldrand saß ein Hase und machte Männchen. Da bekamen die tapferen Schwaben große Angst, denn sie meinten, schon das Ungeheuer zu sehen. Sie hielten Rat, ob sie weiter vorrücken oder lieber fliehen sollten. Fast hätten sie sich noch gestritten, weil diejenigen, die in der Reihe hinten gingen, mehr fürs Vorrücken waren, die vorderen aber fürs Ausreißen, und weil auf jeden Fall niemand als erster gehen wollte.

Nach langem Hin und Her aber faßte sich der Allgäuer doch ein Herz und ging mutig vorwärts, auf das Ungeheuer zu. Als seine Angst zu groß wurde, schrie er laut: »Hau, hauhau, hurlehau!« Darüber erschrak der Hase und lief fort, so schnell er konnte. Da rief der Allgäuer freudig:

»Potz, Veitli, luag, luag, was ischt das?
Das Ungeheuer ischt a Has!«

Aber die anderen schrien: »Was, ein Hase? So groß wie ein Kalb war das Untier!« – »Nein, ein Tier wie ein Mastochs!« »Ein Ding wie ein Elefant!«

Da aber das Ungeheuer auf jeden Fall geflohen war, gingen die sieben Schwaben in die Kirche, um Gott für den Sieg zu danken – und danach ins Wirtshaus, um sich beim Wein von ihrem Abenteuer zu erholen.

Die Schildbürger

Die Schildbürger sind Einwohner der kleinen Stadt Schilda – die es in Wirklichkeit natürlich gar nicht gibt. Von den Schildbürgern werden seit Jahrhunderten viele närrische Streiche erzählt. Wohl die bekannteste Geschichte ist die vom Bau des neuen Rathauses.

Die Bürger von Schilda wollten ein neues Rathaus bauen, also zogen sie zusammen in den Wald, um Bäume für den Bau zu fällen. Der Wald lag ein gutes Stück von der Stadt entfernt oben auf einem Berg. Mit vieler Mühe schleppten sie die schweren Baumstämme den Berg hinunter. Nur beim letzten Baumstamm stolperte einer der Männer, ließ den Baum los und das Holz rollte von selbst den Berg hinunter. Da wunderten sich die Bürger, wie leicht und bequem das ging. Darum trugen sie alle anderen Baumstämme wieder den Berg hinauf, damit sie allein hinunterrollen konnten, und die Bürger freuten sich über ihre Klugheit.

Beim Bau des Rathauses zeigten alle Schildbürger großen Fleiß, und das Haus war bald fertig. Als sie aber das Gebäude zur ersten Ratsversammlung betraten, war es darin ganz dunkel – weil die guten Schildbürger die Fenster vergessen hatten. Jetzt waren sie in großer Not. Sie wußten aber noch nicht, daß die fehlenden Fen-

ster der Grund für die Dunkelheit waren. Sollten sie ihr neues Rathaus wieder abbrechen und neu bauen? Endlich hatte einer einen guten Gedanken. Als mittags die Sonne recht hell schien, mußten alle mit Säcken, Kisten, Eimern und Körben kommen, um das Sonnenlicht einzufangen und in das Rathaus zu tragen. Einer versuchte das Licht sogar mit einer Mausefalle zu fangen. Aber als sie ihre Gefäße im Rathaus öffneten, blieb es dort so finster wie vorher. Da war guter Rat teuer.

Auf den Rat eines fremden Handwerksburschen nahmen sie die Ziegel vom Dach und hatten nun genug Licht im Rathaus. Als es aber im Herbst tüchtig zu regnen begann, mußten sie das Dach wieder decken und saßen im Dunkeln wie am Anfang. Da sah einer von ihnen zufällig einen kleinen Riß in der Mauer, durch den das Tageslicht drang. So merkten sie endlich, was dem Haus fehlte – nämlich die Fenster. Nun brachten sie Fenster in die Mauern – für jeden Bürger eines, denn jeder wollte sein eigenes Fenster haben. So hatten nun die Schildbürger endlich ihr neues Rathaus fertig.

Als einen ›Schildbürgerstreich‹ bezeichnen wir in der heutigen Sprache eine unsinnige, unüberlegte Handlung, an deren Folgen niemand gedacht hat, oder deren Folgen nicht genügend überlegt worden sind. Man denkt dabei besonders an den Rathausbau der Bürger von Schilda.

Münchhausen

Der historische Baron von Münchhausen, der ›Lügenbaron‹, lebte im 18. Jahrhundert auf seinem Gut in Niedersachsen. Er erzählte seinen Freunden zur Unterhaltung gern Jagd- und Abenteuergeschichten, bei denen er furchtbar aufschnitt. Bald erschienen – zuerst in England – Reise- und Abenteuererzählungen, die man ihm zuschrieb. In Wirklichkeit hatte der Baron von Münchhausen diese phantastischen Reisen nie gemacht. Diese Geschichten wurden bald in ganz Europa bekannt. Gottfried August Bürger, ein Zeitgenosse Goethes, faßte alle Erzählungen zusammen. Hier sind einige der bekanntesten Abenteuer.

Münchhausen in Rußland

Münchhausen reiste im Winter zu Pferd durch Rußland. Eines Abends, als es schon dunkel wurde, hatte er noch kein Nachtquartier gefunden. Nichts als Schnee war zu sehen. Da band er sein Pferd an einen spitzen Baumast, der aus dem Schnee herausragte – so glaubte er wenigstens. Dann legte er sich auf Decken und Mäntel in den Schnee und schlief ein. Als er erwachte, war er sehr erstaunt, denn er lag auf einem Kirchhof mitten in einem Dorf. Er suchte sein Pferd und merkte schließlich, daß er es an die Wetterfahne des Kirchturms gebunden hatte. Dort oben hing es nun. Während der Nacht war nämlich der Schnee geschmolzen, unter dem das Dorf am Abend vorher begraben gewesen war. Mit seiner Pistole zerschoß Münchhausen den Riemen, mit dem er das Pferd festgebunden hatte. Das Pferd fiel herunter, ohne Schaden zu nehmen, und Münchhausen setzte seine Reise fort.

Der Ritt auf der Kanonenkugel

Im Krieg wurde eine feindliche Stadt belagert. Man wollte gern wissen, wie die Lage in der Stadt war, doch konnte kein Spion hineingelangen. Münchhausen stand neben einer Kanone, die gerade eine Kugel in die feindliche Festung abschoß. Schnell entschlossen sprang Münchhausen auf die Kanonenkugel und ritt so auf die Stadt zu. Allerdings bekam er unterwegs Angst vor seiner eigenen Kühnheit. Er zweifelte nicht daran, daß er wohl gut in die Stadt hineinkommen würde, aber schlecht wieder heraus. In diesem Augenblick begegnete er einer Kanonenkugel, die von der Stadt her in umgekehrter Richtung flog. Schnell stieg er in der Luft um, ritt auf der feindlichen Kugel wieder zurück in sein Lager und war in Sicherheit.

Einmal wollte Münchhausen mit seinem Pferd über einen sumpfigen Graben springen. Aber der Graben war breiter, als er gedacht hatte. Das Pferd sprang zu kurz und fiel mit seinem Reiter in den Sumpf. Sie sanken immer tiefer, aber Münchhausen gelang es doch, sich und das Pferd zu retten. Er packte mit beiden Händen seinen eigenen Haarzopf und zog mit aller Kraft sich und das Pferd aus dem Sumpf.

WORTERKLÄRUNGEN

Hänsel und Gretel

Hänsel: Diminutiv von ›Hans‹ – *Gretel:* Diminutiv von ›Margarete‹ – *die Teuerung, -en:* vgl. teuer – *streuen:* verteilen – *heimlich:* unbemerkt – *das Bröckchen, -:* Diminutiv von ›der Brocken, -‹ = kleines Stück, Krümel – *davon:* hier: von dem Brot – *aufpicken* (von *picken:* Bewegung der Vögel mit ihrem Schnabel beim Fressen) mit dem Schnabel nehmen – *sich verirren:* den Weg verlieren – *seltsam:* merkwürdig, sonderbar, ungewöhnlich – *aus Brot:* vgl.: der Tisch ist aus Holz – *ein Dach decken:* ein Dach mit Ziegeln belegen – *eine feine Stimme:* hier: eine leise, hohe Stimme – *knuspern:* hörbar beißen, z.B. eine hart gebackene Sache – *das Knäuschen:* (Dialekt) die Brotkruste – *sich nicht stören lassen:* ruhig weitermachen – *steinalt:* uralt, sehr alt – *furchtbar:* hier: sehr – *wackeln:* langsam hin und her bewegen – *ich tue euch nichts:* ich tue euch nichts Böses – *die Hexe, -n:* eine Zauberin (im Bund mit dem Teufel) – *fressen, a, e:* essen bei Tieren; unkultiviert, barbarisch oder unmäßig essen bei Menschen – *sperren...* *in (einsperren):* einschließen – *der Stall, ⁼e:* die Wohnung der Haustiere; z.B. Kuhstall – *auffressen, a, e:* ganz fressen, vollständig fressen – *fett genug:* Adverb ›genug‹ steht hinter dem Adjektiv; z.B. er ist nicht fleißig genug – *merken:* bemerken, erkennen – *sieh nach!:* Imperativ von ›nachsehen‹: prüfen, kontrollieren – *kriechen, o, o:* sich auf Händen und Füßen fortbewegen – *zuschlagen, u, a (z.B. Tür):* kräftig und schnell schließen – *heulen:* laut jammern und weinen – *entsetzlich:* fürchterlich – *es half ihr nichts:* es nützte ihr nichts – *sich aufmachen:* fortgehen – *die Reichtümer (Plur.:)* kostbare Sachen; Singular: der Reichtum = großer Besitz.

Schneewittchen

eitel: stolz auf die eigne Schönheit – *Frau Königin, Ihr seid...:* eine alte Höflichkeitsform (2. Person Plural) – *die wilden Tiere taten ihm nichts:* die wilden Tiere taten ihm nichts Böses, kein Leid – *einen Tisch decken:* Teller und Besteck auf den Tisch stellen oder legen – *der Becher, -:* ein hohes Trinkgefäß ohne Henkel – *der Zwerg, -e:* ein Erdgeist von kleiner Gestalt, meist freundlich und hilfreich den Menschen gegenüber (auch: ein zu klein gewachsener Mensch) – *merken:* bemerken, erkennen – *das Gäbelchen, -:* Diminutiv von ›die Gabel‹ – *das Haus in Ordnung halten, ie, a:* für Ordnung im Haus sorgen – *der Zauberspiegel, -:* der Wunderspiegel – *über den Bergen:* jenseits der Berge, auf der anderen Seite der Berge – *blaß:* bleich, weiß, farblos – *sich als Krämerin verkleiden:* die Kleider einer Krämerin anziehen – *die Krämerin, -nen:* die Händlerin, die Kaufmannsfrau (veraltet) – *wandern:* eine weite Strecke zu Fuß gehen – *umlegen (eine Kette, einen Gürtel oder Schal):* anziehen – *zuziehen, o, o:* (eng) zusammenziehen – *hinfallen, ie, a:* zu Boden fallen – *nun...gewesen:* d.h. du bist sie jetzt nicht mehr – *glücklicherweise:* ungefähr: Gott sei Dank! – *als alte Bäuerin:* in der Gestalt und in den Kleidern einer alten Bäuerin – *schenken:* ohne Bezahlung geben – *die eine Hälfte davon:* hier: die eine Hälfte des Apfels – *sogleich:* sofort – *erwecken:* aufwecken, vom Tode aufwecken – *gläsern:* aus Glas – *der Sarg, ⁼e:* der Behälter,

73

in dem die Toten begraben werden – *versenken:* hinunterlassen, hinuntersenken
– *es sah aus, als ob es schliefe:* es sah aus wie schlafend (irrealer Vergleich) –
aufheben, o, o: hier: hochheben – *stolpern:* fast fallen (infolge eines Fehltritts,
oder über ein Hindernis; z.B. ich stolperte über den Stein) – *dabei:* hier: beim
Stolpern, als der Diener stolperte

Aschenputtel

sie brachte Töchter mit in die Ehe: sie hatte die Töchter schon, als sie den Mann
heiratete (Sie brachte das Haus mit in die Ehe). – *die beiden:* die zwei – *die Stiefschwester, -n:* die Tochter aus einer früheren Ehe der Mutter (oder des Vaters);
Stiefgeschwister haben weder die gleiche Mutter noch den gleichen Vater – *die
Stiefmutter, ⸚:* die zweite Frau des Vaters nach dem Tod der Mutter – *Aschenputtel:* (vgl. ›die Asche‹) eine Person, die die schmutzige Arbeit tun muß (auch
Aschenbrödel) – *trösten:* Mut machen, gut zureden – *die Braut, ⸚e:* die Verlobte,
die junge Frau am Hochzeitstag – *die Linse, -n:* Gemüse, Hülsenfrüchte; auch:
geschliffenes Glas für Brillen, Mikroskope, Fotoapparate usw. – *auslesen, a, e:*
heraussuchen – *picken:* die Bewegung der Vögel mit ihrem Schnabel, wenn sie
fressen – *das Töpfchen, -:* Diminutiv von ›der Topf, ⸚e‹ – *das Kröpfchen, -:* Diminutiv von ›der Kropf, ⸚e‹; Futtersack der Vögel im Hals – *lesen, a, e:* hier:
sammeln, zusammensuchen (vgl. auslesen) – *rüttel:* rüttle!, Imperativ von
›rütteln‹ = stark hin und herbewegen – *schütteln:* stark bewegen – *der Kittel, -:*
ein einfaches Arbeitskleid – *heimlich:* unbemerkt – *anprobieren (Schuhe, Kleid):*
prüfen, ob etwas paßt – *rucke di gu:* Nachahmung der Stimme der Tauben
(onomatopoetisch) – *die rechte Braut:* die richtige Braut – *daheim:* zu Haus –
umkehren: zurückgehen, zurückfahren – *die Ferse, -n:* der hintere Teil des Fußes
– *der Spruch, ⸚e:* (von ›sprechen‹) meist ein Satz in poetischer Form – *etwas
paßt wie angegossen:* (idiomatisch) es paßt genau, es paßt sehr gut – *seine Tänzerin:*
das Mädchen, mit dem er getanzt hat

Dornröschen

die Taufe, -n: ein kirchliches Fest, bei dem ein Kind seinen Namen erhält –
die Fee, -n: ein weiblicher Geist mit übernatürlichen Kräften, meistens freundlich zu den Menschen – *sich rächen:* vgl. die Rache – *die Spindel, -n:* ein spitzes
Holzstäbchen, auf das der gesponnene Faden aufgewickelt wird – *der Spruch:*
hier: der ausgesprochene Wunsch – *aufheben, o, o (den Spruch, ein Gesetz):* für
ungültig erklären – *bewahren:* schützen – *in Erfüllung gehen:* Wirklichkeit werden
– *das Stübchen, -:* Diminutiv von ›die Stube‹ = heizbares Zimmer – *tanzen:*
hier: sich drehen – *in Schlaf fallen, ie, a:* einschlafen – *sogar:* ein unerwartetes
Ereignis wird mit ›sogar‹ eingeleitet; z.B. heute haben alle fleißig gearbeitet,
sogar der faule Peter – *flackern (Feuer):* ungleichmäßig leuchten, sich bewegen –
der Dorn, -en: der Stachel; z.B. an der Rose – *die Hecke, -n:* ein lebender Zaun
aus Pflanzen – *es gelang ihnen nicht:* von ›gelingen‹: sie hatten keinen Erfolg –
vordringen zu, a, u: sich mit Gewalt Eintritt verschaffen – *immerzu:* dauernd –
die Hochzeit, -en: das Fest bei der Heirat eines Paares

Anmerkung: Der Ausdruck ›Dornröschenschlaf‹ wird gebraucht, um zu zeigen, daß gewisse Zustände jahrelang gleichbleiben und ohne Fortschritt stillstehen. z.B. Die Stadt, die sich seit dem Mittelalter kaum verändert hatte, erwachte jetzt aus ihrem Dornröschenschlaf.

Rotkäppchen

das Käppchen, -: Diminutiv von ›die Kappe, -n‹: = die Mütze, eine Kopfbedeckung ohne Rand – *vom Weg abgehen, i, a:* den Weg verlassen – *begegnen (+ Dat.):* treffen (+ Akk.) – *fressen, a, e:* essen (bei Tieren) oder unmäßiges, barbarisches Essen (bei Menschen) – *der Nachtisch:* die Nachspeise – *der Strauß, ᵘe:* zusammengebundene Blumen – *pflücken (Blumen, Obst):* abbrechen – *gerade:* direkt, ohne Aufenthalt – *verschlingen, a, u:* schnell und gierig verschlucken – *was hast du für große Ohren?:* hier getrennt: was für große Ohren hast du? – *packen:* fest und schnell ergreifen – *das Maul, ᵘer:* der Mund (bei Tieren), auch unhöfliche Bezeichnung bei Menschen – *schnarchen:* im Schlaf geräuschvoll atmen – *ihr fehlt etwas:* (idiomatisch) sie ist krank, nicht in Ordnung – *er schneidet dem Wolf den Bauch auf:* er öffnet den Bauch des Wolfes – *da drin:* hier: im Bauch des Wolfes

Rumpelstilzchen

das Stroh: Halme und leere Ähren; der Rest nach dem Dreschen des Korns – *spinnen, a, o:* einen Faden drehen – *Stroh zu Gold spinnen:* aus Stroh Gold machen – *prahlen:* großtun, die Wahrheit übertreiben – *er ließ...kommen:* er befahl ihr, zu kommen – *die Kammer, -n:* ein kleines, unheizbares Zimmer – *das Spinnrad, ᵘer:* ein altes Instrument zum Spinnen von Fäden aus Flachs oder Wolle – *damit:* mit diesen Worten – *die Kette, -n:* ein Schmuckstück (vgl. die Uhrkette, die Halskette) – *staunen:* sich sehr wundern, erstaunt sein – *verwandeln:* die Gestalt verändern – *verlangen:* fordern, energisch haben wollen – *bis dahin:* bis zu diesem Zeitpunkt – *etwas erraten:* durch Zufall finden, ohne es genau zu wissen (ein Rest alter Magie: wer den Namen eines Menschen oder eines Geistes weiß, hat Macht über ihn) – *wo Fuchs und Hase sich gute Nacht sagen:* (idiomat.) am Ende der Welt, ganz weit entfernt, ganz abgelegen – *brauen:* Bier bereiten, Bier machen – *der Königin ihr Kind:* (Dialekt) das Kind der Königin – *Rumpelstilzchen:* Name des Kobolds von ›rumpeln‹ = poltern, ein dumpfes Geräusch machen – *Hinz und Kunz:* früher sehr häufige Namen in Deutschland; Hinz von Heinrich, Kunz von Konrad Heute noch idiomatisch: Hinz und Kunz = jedermann – *die Wut:* großer Zorn – *mitten:* (Adverb) in der Mitte – *entzwei:* auseinander, in zwei Teile

Der Froschkönig

..., dessen jüngste Tochter: (Relativsatz im Genitiv) die jüngste Tochter des Königs – *wunderschön:* sehr schön – *beim Schlosse:* in der Nähe des Schlosses – *die Linde, -n:* ein Laubbaum mit herzförmigen Blättern und duftenden Blüten – *der Brunnen, -:* eine Wasserstelle – *der Grund (des Brunnens):* hier: der Boden – *etwas versprechen, a, o:* sagen, daß man etwas bestimmt tun wird; Substantiv: das

Versprechen – *betrachten…als:* ansehen, behandeln wie – *der Spielkamerad, -en:* der Freund beim Spielen – *plitsch, platsch:* (onomatopoetisch) das Geräusch, das entsteht, wenn etwas ins Wasser fällt – *Königstochter, jüngste,…:* (poetisch) jüngste Königstochter – *mach mir auf!:* öffne mir die Tür! – *ein Versprechen halten, -ie, a:* das tun, was man versprochen hat – *hüpfen:* hopsen, sich in Sprüngen vorwärtsbewegen – *verachten:* als etwas Schlechtes oder Wertloses ansehen – *fassen:* ergreifen, packen – *die Hexe, -n:* eine böse Zauberin – *verzaubern:* mit übernatürlichen Kräften zwingen; oft auch: in eine andere Gestalt zwingen – *erlösen:* vom Zauber befreien

Brüderchen und Schwesterchen

die Stiefmutter, -: die zweite Frau des Vaters nach dem Tod der eigenen Mutter – *die Quelle, -n:* der Beginn eines Baches oder Flusses – *verzaubern:* hier: durch Zauberkräfte gefährlich machen – *rauschen:* das gleichmäßige, dunkle Geräusch des Wassers – *murmeln:* leise rauschen – *das Reh, -e:* ein Waldtier, das mit Hirsch oder Gazelle verwandt ist – *Brüderchen war zu durstig:* sein Durst war übergroß – *ein verlassenes Haus:* alle Leute hatten das Haus verlassen – *die Wurzel, -n:* der Teil einer Pflanze unter der Erde – *die Beere, -n:* eine Frucht mit vielen kleinen Kernen – *nachjagen (+ Dat.):* schnell folgen – *einäugig:* mit nur einem Auge – *sie wäre gern Königin gewesen:* irrealer Konjunktiv II: sie hatte den Wunsch, Königin zu sein – *die Hexe, -n:* die böse Zauberin – *richten:* zurechtmachen, bereiten – *ersticken:* aus Mangel an (frischer) Luft sterben – *zuziehen, o, o:* schließen – *täuschen:* etwas Falsches glauben machen – *Mitternacht:* 12 Uhr nachts – *streicheln:* mit der Hand sanft streichen (er streichelte seinen Hund) – *wachen:* wach bleiben, nicht schlafen – *die Erscheinung, -en:* (von erscheinen, ie, ie) das, was man sieht – *verurteilen zu:* vor Gericht eine Strafe bestimmen (der Dieb wurde zu 6 Monaten Gefängnis verurteilt)

Die Sterntaler

der Taler, -: eine alte Silbermünze (genannt nach dem Ort Joachims*tal* im Erzgebirge, wo das Silber gewonnen wurde; vgl. der Dollar) – *das Kämmerchen, -:* (Diminutiv von ›die Kammer‹, -n) unheizbares kleines Zimmer – *gar nichts:* überhaupt nichts, absolut nichts – *die Kleider auf dem Leib:* die Kleider, die man trägt – *von aller Welt verlassen:* von allen Menschen verlassen – *begegnen (+ Dativ):* treffen (+ Akk.) – *reichen:* geben – *jammern:* klagen – *frieren, o, o:* Kälte fühlen – *es friert mich an den Kopf:* mein Kopf ist kalt – *die Mütze, -n:* eine weiche Kopfbedeckung – *abnehmen, a, o (Mütze, Hut, Brille):* herunternehmen, ausziehen – *die Weile:* die Zeit – *seines:* sein Jäckchen; (nominal gebraucht mit der Endung des bestimmten Artikels) – *eines:* ein Kind (nominal gebraucht) – *da sieht dich niemand:* das Kind spricht mit sich selbst – *wohl:* gut – *blank:* glänzend, hell – *von allerfeinstem Leinen:* von sehr feinem Leinen

Das tapfere Schneiderlein

tapfer: mutig – *das Schneiderlein, -:* ironischer Gebrauch der Diminutivform: Die Schneider wurden früher oft ausgelacht, weil sie besonders leicht, dünn und ohne Kraft waren. Es gab auch viele Spottlieder auf die Schneider. –

das Mus: ein dicker Brei; hier: die Marmelade (vgl. das Apfelmus) – *der Lappen, -:* ein Stück Tuch (vgl. der Staublappen, der Wischlappen, der Topflappen) – *zuschlagen, u, a:* kräftig auf ein Ziel schlagen – *sticken:* mit Nadel und Faden Figuren oder Muster auf Stoff arbeiten – *auf einen Streich (der Streich, -e):* mit einem einzigen Schlag – *daheim:* zu Haus – *der Held, -en:* ein besonders tapferer Mensch – *sich niederlegen:* sich hinlegen – *jemand für (einen Helden) halten, ie, a:* glauben, daß jemand (ein Held) ist – *in den Dienst (des Königs) treten, a, e:* eine Stellung (beim König) annehmen – *der Riese, -n:* ein furchtbar großer Mensch; auch: Märchenfigur – *morden:* mit Absicht töten – *jemanden besiegen:* über jemanden siegen – *sich auf den Weg machen:* fortgehen, aufbrechen – *klettern:* mit Händen und Füßen steigen – *nacheinander:* einer nach dem andern – *brüllen:* mit sehr lauter Stimme schreien (der Löwe brüllt) – *Bäume ausreißen, i, i:* Bäume (mit den Wurzeln) aus dem Boden heben; (idiomatisch) ich könnte Bäume ausreißen = ich fühle mich sehr stark – *sie töteten sich gegenseitig:* jeder tötete den anderen – *einem den Garaus machen:* (idiomatisch) einen töten – *das Einhorn, "er:* ein Märchentier mit einem einzigen Horn mitten auf der Stirn – *der Strick, -e:* das Seil, die dicke Schnur – *aufspießen:* durchbohren (mit dem Horn) – *die Kapelle, -n:* hier: eine kleine Kirche; auch: eine Gruppe von Musikern – *der Satz, "e:* hier: der große Sprung – *zuschlagen (Tür):* u, a: schnell und heftig schließen – *ein Versprechen halten, ie, a:* tun, was man versprochen hat

Tischlein deck dich

Tischlein – deck – dich!: Imperativform (der Tisch deckt sich selbst); gewöhnlich: ich decke den Tisch – *sich strecken:* sich dehnen – *der Knüppel, -:* ein derber Stock – *die Weide, -n:* die Wiese, wo das Vieh grast oder weidet – *bist du satt?:* hast du genug gegessen (bei Tieren: gefressen)? – *boshaft:* böse, bösartig – *er war im Unrecht:* er hatte unrecht – *der Schreiner, -:* der Tischler; ein Handwerker, der hauptsächlich Möbel herstellt – *in die Lehre gehen, i, a:* ein Handwerk lernen – *die Zeit ist um:* die Zeit ist vergangen, vorbei – *die besten Speisen, der schönste Wein:* sehr gute Speisen, sehr guter Wein – *wandern:* weite Strecken zu Fuß gehen – *einkehren:* in ein Gasthaus eintreten, um dort zu essen oder zu wohnen – *heimlich:* unbemerkt – *vertauschen:* auswechseln – *vorführen:* hier: zeigen, anschauen lassen – *vergebens:* erfolglos – *erscheinen, ie, ie:* sichtbar werden – *betrügen:* täuschen, um einen Vorteil zu gewinnen – *das Goldstück, -e:* eine Goldmünze – *der Geselle, -n:* der Bursche, der junge Mann – *übernachten:* über Nacht bleiben – *jemanden beobachten:* jemandem während längerer Zeit genau zusehen – *der Stall, "e:* das Gebäude (der Raum) für die Tiere – *der Drechsler, -:* der Dreher; ein Handwerker, der gedrehte Holzarbeiten anfertigt – *er ist habgierig:* er will alles haben – *herausfahren, u, a:* hier: schnell herausspringen – *jemanden braun und blau schlagen, u, a:* jemanden so heftig schlagen, daß er braune und blaue Flecken am Körper bekommt – *vergnügt:* fröhlich, heiter

Der Wolf und die sieben jungen Geißlein

das Geißlein, -: Diminutiv von 'die Geiß' = die Ziege – *liebhaben:* lieben – *das Futter:* das Essen für Tiere – *sich in acht nehmen:* vorsichtig sein – *fressen, a, e:* essen (bei Tieren; bei Menschen: viel und mit schlechten Manieren essen) –

mit Haut und Haar: (idiomatisch) vollkommen, ganz – *der Bösewicht, -e:* ein böser Kerl; auch: ein böser Mensch – *sich verstellen:* sich unkenntlich machen; sich anders zeigen, als man ist – *rauh:* hier: heiser, grob – *sich auf den Weg machen:* fortgehen – *aufmachen:* öffnen – *die Pfote, -n:* der Fuß eines Tieres (besonders: einer Katze oder eines Hundes) – *verschlingen, a, u:* schnell und gierig verschlucken – *der Kasten der Wanduhr:* hier handelt es sich um eine alte Standuhr, bei der die Gewichte in einem kleinen Schrank hängen – *er ist satt:* er hat genug gegessen – *gleich:* hier: sofort – *bitterlich weinen:* schmerzlich weinen – *schnarchen:* beim Schlafen laut atmen – *der Bauch, ⁻e:* der Leib – *jämmerlich:* elend, schrecklich – *ertrinken, a, u:* im Wasser sterben

Hans im Glück

erhalten, ie, a: bekommen – *der Klumpen, -:* ein ungeformtes Stück – *heimwärts:* in Richtung auf seine Heimat – *wandern:* eine weite Strecke zu Fuß gehen – *tauschen:* wechseln – *der Straßengraben, ⁻:* der Graben neben der Straße – *anhalten, ie, a:* zum Halten bringen, stoppen (auch intransitiv: das Auto hielt an) – *ärgerlich:* zornig – *der Tausch:* vgl. tauschen – *davon:* hier: fort, weg – *melken, o, o:* Milch von der Kuh nehmen – *der Metzger, -:* der Fleischer, der Schlachter – *man kann sie höchstens schlachten:* man kann sie nur schlachten, etwas Besseres ist nicht möglich – *schlachten:* töten (von Tieren, deren Fleisch man essen will) – *der Bauernbursche, -n:* der junge Bauer (der Bursche, -n: der junge Mann) – *nimm lieber meine Gans:* es ist besser für dich, wenn du meine Gans nimmst – *einverstanden mit (nur Adjektiv):* zufrieden mit – *der Scherenschleifer, -:* ein Mann, der Scheren und Messer scharf macht – *vorteilhaft:* günstig; vgl. der Vorteil, -e – *der Wetzstein, -e:* der Schleifstein; ein Stein, an dem Messer und Scheren geschärft oder gewetzt werden – *sich bücken:* sich hinunterbeugen – *aus Versehen:* ohne seinen Willen, ohne Absicht – *die Last, -en:* eine schwere Sache, die man tragen muß; die Bürde, -n

Frau Holle

die Witwe, -n: eine Frau, deren Mann gestorben ist – *die Stieftochter, ⁻:* hier: die Tochter des Mannes aus erster Ehe – *beide:* die zwei – *die Spule, -n:* ein Gerät zum Aufwickeln von Garn, Faden usw. – *das Garn, -e:* ein gesponnener Faden – *tüchtig:* ordentlich, gut – *das Heimweh:* die Sehnsucht nach der Heimat – *ebenfalls:* auch, genauso – *sich Mühe geben:* aufmerksam arbeiten – *faulenzen:* faul sein – *einem den Dienst kündigen:* einen aus der Arbeit entlassen – *das Pech:* ein klebriger Stoff aus Harz und Teer (vgl. idiomatisch: er hat Pech – er hat Unglück) – *ausleeren:* hier: ausgießen

Das Schlaraffenland

das Schlaraffenland: der Name eines märchenhaften Landes. Die Erzählung ist eine ironische Utopie. – *betreten, a, e (transitiv):* eintreten in – *sich durchessen, a, e:* so lange essen, bis der Berg ein Loch hat, durch das man ins Land kommt – *der Pfannkuchen, -:* eine Eierspeise, die man in einer Pfanne bäckt – *wie schade* (danach folgt meist ein daß-Satz): leider, ein bedauernder Ausruf

Der gestiefelte Kater

gestiefelt: mit Stiefeln; (der Stiefel, -: hoher, fester Schuh) – *der Kater, -:* eine männliche Katze – *erben:* nach dem Tod eines Menschen seinen Besitz bekommen – *das Rebhuhn, ᵉer:* ein wildes Feldhuhn – *für sein Leben gern:* (idiomatisch) besonders gern (ich trinke Wein für mein Leben gern) – *nicht wenig:* sehr – *vornehm:* fein, nobel, gebildet – *er schloß* (von: *schließen, o, o):* er beendete seine Rede damit – *kaum:* hier: gerade erst, fast noch nicht – *er ließ sich Kleider bringen:* er befahl (dem Diener) Kleider zu bringen – *die Kutsche, -n:* ein Reisewagen mit Pferden – *er hält ihn für den Grafen (von: halten, ie, a):* er glaubt, daß er der Graf sei – *vor der Kutsche her:* der Kutsche voraus – *sich verwandeln in (+ Akk.):* eine andere Gestalt annehmen – *eine Kleinigkeit:* wenig, leicht – *der Sprung, ᵘe:* Substantiv von springen, a, u – *auffressen, a, e:* ganz fressen (essen), verschlingen – *beschließen, o, o:* hier: sich entscheiden, etwas zu tun – *er gibt dem Grafen seine Tochter zur Frau:* er verheiratet seine Tochter mit dem Grafen

Der Mann im Mond

das Bündel, -: von dem Verb 'binden, a, u'; das Zusammengebundene – *geschaffen:* Partizip Perfekt von 'schaffen, u, a' – *was geht mich das an?:* was interessiert mich das? – *gleichgültig:* uninteressant, uninteressiert

Der Hase und der Igel

vornehm: fein, von hohem Stand – *hochnäsig:* stolz, hochmütig (vgl. idiomatisch: er trägt die Nase hoch) – *du könntest deine Beine zu etwas Besserem gebrauchen (Konjunktiv II, Möglichkeit):* warum gebrauchst du deine Beine nicht zu einer besseren Tätigkeit? – *krumm:* gebogen, nicht gerade – *er mochte es nicht:* (Imperfekt von mögen) er liebte es nicht – *ich wette mit dir (um):* (vgl. die Wette, -n) ich zahle etwas, wenn *du* recht hast; ich bekomme Geld (oder etwas anderes), wenn *meine* Meinung richtig ist – *das ist zum Lachen:* (idiomatisch) das ist lächerlich, das glaubt niemand – *schief:* krumm – *das Goldstück, -e:* eine alte Goldmünze – *der Branntwein, -e:* ein Schnaps aus Wein – *der Acker, ᵘ:* das Feld – *die Furche, -n:* ein gepflügter Streifen auf dem Feld, eine Rinne – *loslaufen, ie, au:* zu laufen beginnen – *rasen:* sehr schnell laufen – *außer sich sein:* (idiomatisch) sehr aufgeregt sein – *vergnügt:* fröhlich und zufrieden – *und wenn sie nicht gestorben sind...:* beliebter Schluß bei Märchen

Die Bremer Stadtmusikanten

Bremen: eine norddeutsche Hanse- und Hafenstadt an der Weser – *der Stadtmusikant, -en:* ein Musiker, der von der Stadt angestellt ist – *füttern (ein Tier, ein Kind):* zu essen geben (einem Tier, einem Kind) – *davonlaufen, ie, au:* weglaufen – *...hatte totschlagen wollen:* Vgl. Perfekt bei Modalverben – *sich (jemandem) anschließen, o, o:* mitkommen, mitmachen, teilnehmen (darf ich mich Ihnen auf dem Ausflug anschließen?) – *der Hahn kräht:* der Hahn ruft mit hoher Stimme – *schlachten:* töten (ein Tier, das man essen will) – *einen* *auffordern:* einen bitten – *zu viert:* vgl. zu zweit, zur dritt usw. – *sich auf den Weg machen:* fortgehen, aufbrechen – *übernachten:* die Nacht verbringen – *sie ließen sich's gut schmecken:* (idiomatisch) sie aßen mit gutem Appetit – *Rat halten, ie, a:* diskutieren – *verjagen:* fortjagen – *er flog der Katze auf den Kopf:* er flog auf den Kopf der Katze – *aus Leibeskräften:* (idiomatisch) so stark wie möglich – *in die Höhe fahren: u, a:* springen, aufspringen – *entsetzt:* furchtbar erschrocken – *löschen (Licht, Feuer):* ausmachen – *glühen:* schwach brennen, schwach leuchten (glühende Kohle; die Zigarette glüht) – *anzünden (Feuer):* anmachen – *die Hexe, -n:* eine böse Zauberin

Die Siegfriedsage

die Sage, -n: eine Erzählung aus alter Zeit, die meistens einen historischen oder geographischen Ursprung hat – *mindestens:* wenigstens – *die Völkerwanderungszeit:* die Zeit der Wanderung von vielen – meist germanischen – Völkerstämmen. Die Hauptwanderungen begannen mit dem Vorstoß der Hunnen bis nach Westeuropa im 4. Jahrhundert n. Chr. und dauerten bis ins 6. Jahrhundert. – *zurückreichen bis:* zurückgehen bis (temporal) – *berühmt:* allgemein sehr bekannt – *das Nibelungenlied:* Name eines Versepos, das ungefähr um das Jahr 1200 geschrieben wurde – *mittelhochdeutsche Sprache:* ältere Form der hochdeutschen Sprache im Mittelalter – *hürnen:* (altertümliche Form) aus Horn; das Horn = hier: eine feste, harte organische Masse, aus der z.B. die Fingernägel, Pferdehufe, der Panzer der Schildkröte bestehen. – *tapfer:* mutig, ohne Furcht – *furchtbar:* schrecklich – *der Drache, -n (Gen.: Drachens):* ein schreckliches Fabeltier, Ungeheuer – *der Hort, -e:* der Schatz, eine Sammlung wertvoller Dinge – *der Schatz, ⸚e:* Vgl. der Hort – *der Edelstein, -e:* wertvoller Kristall (z.B. Diamant, Rubin usw.) – *die Tarnkappe, -n:* vom Verb ›tarnen‹ = unsichtbar machen ('tarnen' auch militärisch); die Kappe, -n: die Mütze – *der Zwerg, -e:* kleiner Erdgeist (auch: klein gewachsener Mensch) – *schmieden:* (vgl. der Schmied, -e) heißes Metall formen – *anfertigen:* herstellen, machen – *erschlagen, u, a:* totschlagen – *das Horn:* hier: harte, feste organische Masse (Fingernägel, Panzer der Schildkröte) – *verletzen:* verwunden – *das Schulterblatt, ⸚er:* beweglicher Schulterknochen (am Rücken) – *das Lindenblatt, ⸚er:* das (herzförmige) Blatt des Lindenbaumes – *die Stelle ist verwundbar:* die Stelle kann verwundet werden – *Worms:* Stadt am linken Rheinufer nördlich von Ludwigshafen – *herrschen:* regieren – *ergreifen, i, i:* erfassen – *sich vermählen:* (gehobene Sprache) heiraten – *die Hochzeit, -en:* Feier bei der Heirat (Vermählung) eines Paares – *die Pracht:* der Glanz, der Pomp – *in Wahrheit:* wirklich – *ein Geheimnis verraten, ie, a:* jemandem von einem Geheimnis erzählen – *das Verderben:* das Unglück, die Vernichtung – *die beiden:* die zwei – *in Streit geraten, ie, a:* zu streiten beginnen – *einen beleidigen:* einen kränken, die Ehre oder das Gefühl eines Menschen verletzen – *der Gefolgsmann, -leute:* ein Adliger, der einem Fürsten folgt, besonders im Krieg – *finster:* hier: düster – *jedoch:* aber – *sie wagten nicht zu widersprechen, a, o:* sie hatten nicht den Mut, eine andere Meinung auszusprechen – *die List, -en:* eine geschickte Täuschung (mit einer Kriegslist täuscht man den Feind) – *erfahren, u, a:* kennenlernen – *der Held, -en:* ein tapferer, mutiger Mann – *die Quelle, -n:* die Stelle, an der frisches Wasser aus der Erde strömt – *klagen:*

jammern – *sie war entschlossen:* sie hatte den festen Willen – *der Mörder,* -: ein
Mensch, der einen anderen mit Absicht tötet – *deshalb:* darum, aus diesem
Grund – *die Rache:* die Vergeltung für ein Unrecht, das einem geschehen ist
(er nahm furchtbare Rache an seinen Feinden) – *verwenden:* gebrauchen. be-
nutzen – *die Hunnen:* ein asiatisches Reitervolk – *König Etzel:* König Attila
(gestorben 453 n. Chr.) – *der Gatte, -n:* der Ehemann – *sich rächen:* (Vgl. die
Rache) er rächte sich an seinen Feinden – *der Krieger,* -: der Soldat – *einen
überfallen, ie, a:* einen plötzlich und unerwartet angreifen – *fallen, ie, a:* hier:
im Kampf sterben – *rachgierig:* gierig nach Rache, rachedurstig

Der Binger Mäuseturm

Bingen: Stadt am linken Rheinufer, an der Mündung der Nahe – *sich etwas
(Akk.) verschaffen:* etwas durch eigene Tätigkeit bekommen – *über etwas (einen
Menschen) herfallen, ie, a:* etwas, (einen Menschen) überraschend angreifen –
die Scheune, -n: Lagerhaus für Korn und Heu – *grausam:* böse, sadistisch –
eindringen, a, u: mit Gewalt hereinkommen – *bei lebendigem Leib:* (idiomatisch)
lebend
Anm.: In Wirklichkeit ist der Mäuseturm ein alter Zollturm; der Name kommt
von ›Maut‹, einem alten Wort für ›Zoll‹. Das Volk machte aus ›Mautturm‹
›Mäuseturm‹ und erfand die Sage.

Die Weiber von Weinsberg

das Weib, -er: früher allgemein für ›Frau‹ gebraucht – *König Konrad:* Konrad III.
von Hohenstaufen, deutscher König von 1138–1152 – *Schwaben:* Land (und
Volksstamm) im Südwesten Deutschlands; heute: Württemberg – *sich ergeben,
a, e:* sich unterwerfen (im Kampf) – *belagern:* (militärisch) einschließen, von
der Umwelt abschließen – *einen überlisten (vgl. die List):* durch List besiegen,
täuschen – *gelten, a, o:* richtig, gültig sein (z. B. Der Paß gilt 5 Jahre)

Barbarossa im Kyffhäuser

der Kreuzzug, ᴸe: Mittelalterliche Kämpfe der christlichen europäischen Ritter
gegen die türkischen Seldschuken in Palästina – *ertrinken, a, u:* im Wasser
sterben – *daheim:* zu Haus – *sich verborgen halten:* sich verstecken, sich nicht
zeigen – *Kyffhäuser:* ein waldiger Gebirgsrücken in Thüringen – *ich rechne damit:*
ich glaube es sicher – *Friedrich Rückert* (1788–1866) ein deutscher Dichter;
er übertrug auch orientalische Dichtungen in die deutsche Sprache – *unter-
irdisch:* unter der Erde – *er hält sich verzaubert:* vgl. er hält sich verborgen; er
bleibt verzaubert – *verborgen:* ungesehen, versteckt – *hinab-:* hinunter- – *des
Reiches Herrlichkeit:* die Herrlichkeit des mächtigen mittelalterlichen Kaiser-
reiches – *zu seiner Zeit:* wenn die richtige Zeit für ihn kommt – *elfenbeinern:*
(Adjektiv) aus Elfenbein (aus Elefantenzähnen) – *darauf:* auf dem – *marmelsteinern:* (poetisch) aus Marmor(stein) – *das Haupt, ᴸer:* (poetisch) der Kopf –
der Flachs: eine Pflanzenfaser, aus der Leinen gemacht wird, von heller, gelb-
licher Farbe – *als wie ein Traum:* wie ein Traum – *zwinkern:* das Auge kurz
schließen und wieder öffnen, blinzeln – *je:* jedesmal, immer – *nach langem*

Raume: hier: nach langer Zeit (Raum = Zeitraum) – *der Knabe, -n:* der Junge (poetisch) – *winken:* ein Zeichen geben (mit der Hand, dem Kopf, den Augen) – *der Zwerg, -e:* hier: kleiner Mensch – *immerdar:* immerzu, immer – *der Rabe, -n:* ein schwarzer Vogel; hier: Symbol des Unglücks, des Bösen

Der Rattenfänger von Hameln

Hameln: eine norddeutsche Stadt an der Weser – *die Plage, -n:* das Übel, die Belästigung, die Qual – *riesig:* übermäßig groß – *auffressen:* ganz fressen, alles fressen – *die Lebensmittel (Plur.):* die Eßwaren, die Nahrungsmittel – *merkwürdig:* ungewöhnlich, sonderbar, seltsam – *bunt:* vielfarbig, mit vielen Farben · *befreien von:* frei machen von – *der Bürger, -:* der Einwohner einer Stadt – *die Pfeife, -n:* ein Musikinstrument zum Blasen – *ertrinken, a, u:* im Wasser sterben – *schreiten, i, i:* gehen (meistens nur in gehobener Sprache) – *locken:* reizen, zu sich ziehen (der Rattenfänger lockte die Ratten mit der Pfeife). Anm.: Im heutigen Sprachgebrauch ist ein ›Rattenfänger‹ ein politischer Verführer, Demagoge.

Die wilde Jagd

unzählig: so viele, daß man sie nicht zählen kann – *man versteht darunter:* man meint damit – *brausen:* hörbar stürmen, z. B. der Wind braust durch den Wald – *versperren:* verschließen, unzugänglich machen – *das Opfer, -:* eine Gabe, ein Geschenk für eine höhere Macht – *das Freie:* die freie Natur; (Gegensatz: das Haus) – *sollen . . . gebraucht worden sein:* man glaubt, daß sie gebraucht wurden – *der Anführer, -:* der Führer, der Leiter einer Gruppe – *begegnen (+ Dat.):* treffen (+ Akk.) – *sich rühren:* sich bewegen – *um die Weihnachtszeit:* ungefähr an Weihnachten; vgl. um den 1. Februar (ungefähr am 1. Februar) – *das Gefolge:* die Diener eines Fürsten – *sonst:* im anderen Fall (›wenn ihr nicht ruhig gewesen wäret‹) – *ausgezeichnet:* sehr gut – *den Mund halten, ie, a:* schweigen, nichts sagen – *das Erlebnis, -se:* was man gesehen und gefühlt hat

Die heilige Elisabeth

Wartburg: eine noch heute gut erhaltene mittelalterliche Burg bei Eisenach in Thüringen – *Thüringen:* Land in Mitteldeutschland – *die Braut, ᵘe:* die Verlobte; das Mädchen, das ein junger Mann heiraten wird – *er bittet um die Hand des Mädchens:* er bittet den Vater des Mädchens um die Erlaubnis, seine Tochter heiraten zu dürfen; er wirbt um das Mädchen – *verloben:* die Ehe versprechen – *heiter:* fröhlich – *einen beschenken:* einem etwas schenken – *Not leiden, i, i:* in Not sein – *hingeben, a, e:* weggeben, fortgeben – *Landgraf:* Titel des Fürsten von Thüringen im Mittelalter – *das Vermögen:* der Besitz – *etwas aushalten, ie, a:* etwas ertragen – *Lebensmittel (immer Plural):* Eßwaren – *künftig:* in Zukunft, später

Eppelein von Gailingen

Nürnberg: größte Stadt in Franken (Nordbayern); im späten Mittelalter die größte Stadt in Deutschland – *die Bastei, -en:* der vorgebaute Teil einer Festung – *der Abdruck, ᵘe:* hier: die Vertiefung – *der Huf, -e:* unterster Teil eines Pferdefußes – *der Raubritter, -:* ein verarmter Adliger, der sich durch Raub und Ge-

walt zu ernähren sucht. Im späten Mittelalter häufig; ein gefangener Raubritter wurde meist mit dem Tod bestraft – *überfallen, ie, a:* unerwartet und
plötzlich angreifen – *finster:* dunkel – *das Lösegeld:* das Geld, mit dem man einen
Gefangenen freikaufen kann – *schlau:* klug, raffiniert – *entwischen:* knapp ent-
fliehen – *die Flucht:* Subst. zu ›fliehen‹ – *der Burggraben:* wassergefüllter tiefer
Graben um eine Burg zum Schutz gegen feindliche Angriffe – *die Sporen (Sing.:*
der Sporn): Stachel am Schuh des Reiters, um das Pferd anzutreiben – *setzen:*
hier: springen – *sie wußten nicht, wie ihnen geschah:* (idiomatisch) sie verstanden
die Situation nicht, so überrascht waren sie – *über alle Berge:* (idiomatisch) weit
fort, unerreichbar – *tüchtig:* ordentlich, stark – *einen auslachen:* über einen lachen,
spotten – *stammen:* herkommen

Der Brocken

der Harz: Gebirge in Mitteldeutschland, höchster Gipfel ist der Brocken
(1142 m) – *die Hexe, -n:* böse Frau, die zaubern kann und einen Bund mit dem
Teufel geschlossen hat – *der Besen, -:* Hausgerät mit langem Stiel zum Sauber-
machen von Fußböden – *der Hahnenschrei, -e:* der erste Schrei eines Hahnes
bringt den neuen Tag, dann müssen alle Geister verschwinden
Anm.: In Goethes ›Faust‹ nimmt Dr. Faust unter Führung von Mephisto
als Zuschauer an der Feier der Walpurgisnacht teil.

Doktor Faust

die Sage, -n: eine Erzählung aus alter Zeit, die meistens einen historischen oder
geographischen Ursprung hat – *der Ursprung:* die Herkunft, der Beginn –
Württemberg: ein Land in Südwestdeutschland (Stuttgart!) – *übernatürliche*
Kräfte: Kräfte, die man mit den Naturgesetzen nicht erklären kann – *er soll*
besessen haben: man sagt, er habe besessen (vgl. Modalverben) – *der Zeitgenosse, -n:*
ein Mensch, der zur selben Zeit lebt – *das Vorbild, -er:* das Beispiel – *die*
Handlung, -en: hier: was in einer Dichtung geschieht – *vertiefen:* hier: mehr
Gedanken und Gefühle hineinlegen – *begabt:* talentiert – *schwarze Magie:*
Zauberei (im Bunde mit dem Teufel) – *der Kreuzweg, -e:* die Wegkreuzung –
erscheinen, ie, ie: sichtbar werden – *der Böse:* der Teufel – *die Besprechung, -en:*
die Konferenz – *der Vertrag, ᵘe:* der Pakt, das Abkommen – *die Seele, -n:* der
unsterbliche Teil eines Menschen – *einen versorgen (mit):* einem reichlich bringen
(sie versorgte ihren Vater mit Essen) – *irgendwo:* an einem ungenannten, unbestimmten Ort – *vollbringen, a, a:* tun, fertigbringen – *Leipzig:* Stadt in Sachsen,
Mitteldeutschland – *die Weinstube, -n:* das Weinrestaurant – *floß:* Infinitiv:
fließen – *Wittenberg:* Universitätsstadt in Sachsen, bekannt durch Luther –
die Hochzeit, -en: die Feier bei der Heirat eines Paares – *der Kurfürst, -en:* einer
der sieben Fürsten, die im Mittelalter den deutschen Kaiser wählten – *ergangen:*
gegangen – *ein Vertrag (die Zeit) läuft ab:* die Zeit des Vertrages ist zu Ende –
die Reue: der seelische Schmerz über etwas, das man selbst getan hat – *fest-*
setzen: bestimmen – *das Zischen:* ein Geräusch (Zischlaute: s, sch, z) – *umher-*
irren: ohne Weg und Ziel herumwandern

Der Meistertrunk von Rothenburg

der Meister, -: ein Mensch von großem Können, Vorbild; Zusammensetzungen mit ›Meister‹ bezeichnen besonders gute Leistungen, z.B. das Meisterwerk, das Meisterstück – *Rothenburg ob der Tauber:* eine kleine Stadt über dem Taubertal mit fast noch vollständigen mittelalterlichen Mauern und Bauwerken – *der Dreißigjährige Krieg:* (1618–1648) begann als Religionskrieg, nahm aber mehr und mehr politische Bedeutung an. Er war eine der unglücklichsten Zeiten für Deutschland. – *erobern:* im Kampf gewinnen, im Krieg Land gewinnen – *der Feldherr, -en:* der Heerführer – *der Willkommenstrunk:* (von ›trinken‹) eine alte Sitte, bei der ein Gast einen Becher Wein erhält – *reichen:* geben – *vollkommen:* ganz, völlig, absolut – *der Becher, -:* ein Trinkgefäß ohne Henkel – *austrinken, a, u:* leeren, leertrinken, alles restlos trinken – *auf einmal:* hier: ohne Pause, ohne Unterbrechung – *einem das Leben schenken:* einen am Leben lassen, ihn nicht töten – *der Bürgermeister, -:* der höchste Vertreter der Stadtbewohner – *auf einen Zug:* auf einmal, ohne Unterbrechung

Die Heinzelmännchen

der Geist, -er: hier: ein übernatürliches Wesen, das besondere Kräfte besitzt – *der Zwerg, -e:* ein kleiner Erdgeist (auch: ein sehr kleiner Mensch) – *heimlich:* unbemerkt – *verlangen:* fordern, haben wollen – *vordem:* früher – *sich pflegen:* für sich selbst sorgen, es sich bequem machen – *eh':* ehe, bevor – *schwärmen:* durcheinanderlaufen, sich verteilen (auf die verschiedenen Arbeitsplätze) – *sie klappten:* sie klapperten – *rupfen:* ziehen, reißen (die Köchin rupft das Huhn, bevor sie es brät) – *zupfen:* kurz ziehen (er zupfte mich am Kleid); die Guitarre = Zupfgeige – *traben:* eilig laufen (das Pferd trabt) – *schaben:* abkratzen, abreiben (die Köchin schabt die Rüben für das Essen, sie reibt die äußere Schicht ab) – *der Faulpelz, -e:* ein fauler Mensch – *das Tagewerk:* die Arbeit eines Tages – *der Zeitvertreib:* die Unterhaltung, das Vergnügen – *sacht:* sanft, leise – *ausfahren, u, a:* ausgleiten, ausrutschen – *hinschlagen, u, a:* heftig hinfallen – *die (gleiten...):* (demonstrativ) die Heinzelmännchen – *plumpen:* (auch: plumpsen) schwer fallen – *die Kufe, -n:* hier: ein großes Holzgefäß – *mit Schallen (das Schallen = Infinitiv):* mit Lärm, mit Geräusch (Substantiv: der Schall) – *vermaledeien:* fluchen, schimpfen – *auf den Schall:* nachdem sie den Schall gehört hat – *all:* alle – *wie sonsten:* wie sonst, wie gewöhnlich – *schniegeln:* glätten, kämmen (idiomatisch: er kam geschniegelt und gebügelt zu der Einladung) – *ach, daß es noch... wär!:* wenn es doch noch... wäre! (Wunsch)

König Watzmann

Oberbayern: Regierungsbezirk im Süden Bayerns – *die Sage, -n:* eine Erzählung aus alter Zeit, die meistens eine historische oder geographische Grundlage hat – *grausam:* roh, gefühllos, mitleidlos – *über alles:* ganz besonders, mehr als alles andere; z.B. ich liebe meine Heimat über alles – *rücksichtslos:* ohne an den anderen zu denken, ohne Rücksicht – *die Ernte, -n:* hier: Früchte des Feldes, auch: Obst; meistens: die Zeit, in der die Früchte heimgebracht werden –

verletzen: verwunden – *loslassen, ie, a:* freilassen – *einen verfluchen:* einem Böses wünschen, die Strafe Gottes auf einen wünschen – *einen verwandeln (in):* einem eine andere Gestalt geben

Rübezahl

Riesengebirge: Teil der Sudeten – *hausen:* primitiv wohnen – *riesig:* sehr groß – *einen necken:* Spaß mit einem treiben, sich lustig über einen machen – *zu etwas kommen, a, o:* (idiomatisch:) etwas erhalten – *die Quelle, -n:* Beginn eines Baches oder Flusses – *die Felsengrotte, -n:* Höhle in den Felsen – *strömen:* fließen – *entführen:* wegführen; einen an einen Ort bringen, von dem er nicht mehr nach Hause finden kann – *sie hat Langeweile:* sie weiß nicht, was sie tun soll; die Zeit wird ihr zu lang *(die Lang(e)weile)* – *etwas herbeizaubern:* durch Zauber (Magie) etwas herbringen – *die Rübe, -n:* Pflanze, deren Wurzel zu Gemüse oder Futter für die Tiere verwendet wird – *der Zauberstab, ⁻e:* ein magischer Stock – *etwas verwandeln:* die Gestalt (Form) eines Dinges verändern – *der Hofstaat:* Freunde und Diener eines Fürsten; (auch: das Gefolge) – *verwelken:* kraftlos, matt werden (hauptsächlich von Pflanzen gebraucht) – *welk (Adjektiv):* vgl. verwelken – *die Ernte:* die Zeit, in der die Früchte von den Feldern geholt werden – *der Verlobte, -n (von ›sich verloben‹):* der Mann, der versprochen hat, ein Mädchen zu heiraten (vgl. auch: die Verlobte) – *einen Plan fassen:* einen Plan ausdenken, einen Plan finden – *überlisten:* täuschen, durch List besiegen – *der Bote, -n:* jemand, der eine Nachricht (oder eine Sache) bringt – *sich an die Arbeit machen:* (idiomatisch) mit der Arbeit beginnen – *sich verzählen:* beim Zählen Fehler machen – *Hochzeit halten, ie, a:* die Hochzeit (die Vermählung) feiern – *toben:* rasen, lärmen – *stürmen:* vgl. der Sturm – *wehe dem Menschen!:* (starke Drohung) Unglück kommt über den Menschen

Till Eulenspiegel

sich über einen lustig machen: einen verspotten – *närrisch (von ›der Narr‹):* verrückt, komisch, merkwürdig – *...soll gelebt haben:* man glaubt, daß er gelebt hat – *Schleswig-Holstein:* nördlichstes deutsches Land (an der dänischen Grenze) – *einen an der Nase herumführen:* (idiomatisch:) einen verspotten, sich über einen lustig machen – *allerhand:* verschiedene, allerlei – *das Seiltanzen:* das Gehen auf einem gespannten Seil – *der Speicher, -:* der Boden (unter dem Dach) – *staunen über:* sich wundern über – *durchschneiden, i, i:* zerschneiden – *unfreiwillig:* ungewollt, ohne seinen Willen – *einen auslachen:* über einen lachen – *sich rächen:* vergelten – *die Schnur, ⁻e:* dünnes Seil – *gespannt:* mit Interesse, neugierig – *herbeispringen, a, u:* zu der bestimmten Stelle springen – *erwischen:* bekommen, fassen – *die Rauferei, -en (von ›raufen‹):* Prügelei, Schlägerei – *das Spital, ⁻er:* Krankenhaus (altes Wort) – *hocherfreut:* sehr erfreut – *ich muß nämlich einen töten:* – denn ich muß einen töten – *also:* folglich, deshalb – *der Lahme, -n:* ein Mensch, der seine Glieder nicht oder nur mit Mühe bewegen kann – *hinken:* mühsam (mit einem kranken Bein) gehen – *erfahren, u, a:* hören – *längst:* schon lange – *über alle Berge:* (idiomatisch:) weit fort, weit weg – *das Nachsehen haben:* (idiomatisch) den Schaden haben

Die sieben Schwaben

der Schwabe, -n: Mensch aus Schwaben, einem Land in Südwestdeutschland – *der Held, -en:* mutiger Mann, der große Taten tut – *der Spieß, -e:* der Speer, die Lanze – *hintereinander:* einer hinter dem anderen – *das Allgäu:* eine Landschaft in den südwestdeutschen Voralpen – *der Bodensee:* großer See an der Grenze von Deutschland, Österreich und der Schweiz – *der Spitzname, -n:* Spottname, Neckname (meist nach einer charakteristischen Eigenschaft gewählt) – *tapfer:* mutig – *nach verschiedenen Abenteuern:* nach mehreren Abenteuern – *das Ungeheuer, -:* Untier, schreckliches Tier – *hausen:* wohnen (unter primitiven Verhältnissen), z.B. die Flüchtlinge hausten in einer alten Baracke – *es sollte hausen:* man sagte, daß es hause – *Männchen machen:* sich aufrichten, sich auf die Hinterbeine setzen – *vorrücken:* vorwärtsgehen – *fast hätten sie sich gestritten:* (Konjunktiv II) sie hatten keinen Streit, aber beinahe; sie waren nahe daran zu streiten – *sie waren mehr fürs Vorrücken:* sie wollten lieber vorrücken; *für etwas sein (idiomatisch),* z.B. ich bin nicht dafür, daß du die Stellung annimmst – *ausreißen, i, i:* fliehen – *als erster:* zuerst, vorn – *das Hin und Her:* (idiomatisch:) Unentschiedenheit, Unschlüssigkeit – *sich ein Herz fassen:* (idiomatisch:) Mut fassen, allen Mut sammeln – *Potz, Veitli, potz:* Ausruf des Erstaunens; *Veitli:* Diminutiv des Namens ›Veit‹; *luag:* (Dialekt) schau!, sieh!; *ischt:* (Dialekt) ist; *a Has:* (Dialekt) ein Hase – *der Mastochse, -n:* Ochse, der gemästet, d.h. besonders gut gefüttert wird – *da:* weil – *sich erholen:* sich stärken, wieder Kräfte sammeln

Die Schildbürger

der Schildbürger, -: Einwohner der Stadt Schilda, die in Wirklichkeit nie existierte – *der närrische Streich, -e:* dumme, unüberlegte Handlung – *wohl:* wahrscheinlich – *das Rathaus, ᵘer:* Versammlungshaus der Stadtregierung – *sie zogen:* hier: sie gingen (zusammen) – *fällen, -te, -t (vgl. fallen):* Bäume schlagen – *ein gutes Stück:* ziemlich weit – *schleppen:* hinter sich herziehen, schwer tragen – *stolpern:* einen Fehltritt tun, fast hinfallen – *von selbst:* allein – *ein Haus abbrechen, a, o:* Gegenteil von ›bauen‹, zerstören – *die Kiste, -n:* hölzerner Kasten zum Versenden von Waren – *der Eimer, -:* Küchengerät zum Wassertragen und zum Putzen – *die Mausefalle, -n:* Instrument zum Mäusefang – *das Gefäß, -e (von ›fassen‹):* Behälter für Flüssigkeiten (z.B. Kanne, Tasse, Topf usw.) – *finster:* dunkel – *da war guter Rat teuer:* (idiomatisch:) Niemand wußte einen Rat – *der Handwerksbursche, -n:* junger Handwerker, der von einer Stadt zur anderen wandert, um Arbeit zu suchen – *der Ziegel, -:* aus Lehm gebrannte Platte zum Dachdecken – *tüchtig:* ordentlich, stark – *zufällig (vgl. der Zufall, ᵘe):* unvorhergesehen – *der Riß, -(ss)e:* (vgl. reißen): längliches schmales Loch – *dringen, a, u:* (mit Gewalt) hereinkommen – *eines:* ein Fenster; nominaler Gebrauch des unbestimmten Pronomens ›ein‹ – *überlegen:* bedenken, nachdenken

Münchhausen

Niedersachsen: Land in Norddeutschland – *aufschneiden, i, i:* übertreiben, mehr erzählen, als wirklich war – *ein Buch erscheint:* ein Buch wird herausgegeben – *man schrieb ihm die Erzählungen zu:* man glaubte, daß er der Autor wäre – *Gottfried August Bürger:* Deutscher Dichter (1747–1794) – *der Zeitgenosse, -n:* ein Mensch, der zur gleichen Zeit lebt – *das Nachtquartier, -e:* Unterkunft für die Nacht, Wohnung für die Nacht – *nichts als Schnee:* nichts anderes als Schnee, nur Schnee – *herausragen:* herausstehen – *die Wetterfahne, -n:* Metallfahne oder Figur auf der Spitze eines Kirchturms, die sich nach dem Wind dreht – *schmelzen, o, o:* flüssig werden, zerlaufen – *der Riemen, -:* Lederband – *Schaden nehmen, a, o:* sich verletzen – *der Sumpf, ⁻e:* das Moor; wässriger Boden, der einen Menschen nicht trägt – *packen:* fest fassen – *der Haarzopf, ⁻e:* zu Münchhausens Zeit im 18. Jahrhundert trugen die Männer das Haar am Hinterkopf zu einem Zopf zusammengebunden – *eine Stadt belagern:* eine Stadt einschließen, von der Umwelt abschneiden – *hineingelangen:* hineinkommen – *gerade:* hier: in diesem Moment – *auf...zu:* bezeichnet die Richtung *(auf die Stadt zu:* in Richtung auf die Stadt) – *allerdings:* (einschränkend) jedoch, aber – *die Kühnheit:* der Mut – *begegnen (+ Dat.):* treffen (+ Akk.) – *umgekehrt:* entgegengesetzt

Texte zum Lesen und Nacherzählen

von Hans-Joachim Arndt

Die auf eine unerwartete Pointe hinauslaufenden Kurzgeschichten in einer Länge zwischen 30 und 40 Zeilen sind geeignet für Lektüre, Diktat, Nacherzählung und Konversation.

88 Seiten, kart.,   Hueber-Nr. 1039

Zwölf heitere Kurzgeschichten

von Günter Spang

Alle Texte sind mit einsprachigen Worterklärungen versehen.

52 Seiten, geheftet   Hueber-Nr. 1043

Wahre und erfundene Geschichten

von Wolfgang Halm

Die 25 kleinen Geschichten und Anekdoten mit zusätzlichen Worterklärungen können jederzeit zur Auflockerung des Deutschunterrichtes eingesetzt werden.

56 Seiten, mit Zeichnungen, kart.,   Hueber-Nr. 1112

Grau ist alle Theorie

von Gertrud Seidmann

Dieses Heft enthält einfache Dialoge und kleine leicht spielbare Szenen mit einsprachigen Worterklärungen. Die Texte eignen sich zum Spiel mit verteilten Rollen, zum Auswendiglernen und Nacherzählen.

40 Seiten, geheftet   Hueber-Nr. 1042

Max Hueber Verlag Ismaning